servir
revue adventiste de théologie

SERVIR - *Revue adventiste de théologie*, est la revue de la Faculté adventiste de théologie de Collonges-sous-Salève (France). Elle touche l'ensemble des domaines de la théologie.

Même si globalement la teneur des articles est soutenue par le Comité scientifique et la Faculté adventiste de théologie, les positions défendues dans les articles n'engagent que leurs auteurs.

Tout article peut être proposé à la rédaction. Merci d'envoyer votre manuscrit par courriel à secretariat.fat@campusadventiste.edu. Il sera considéré par le Comité scientifique.

Directeur de la publication : Gabriel Monet

Comité scientifique : Roland Meyer, Rivan Dos Santos, Daniela Gelbrich, Marcel Ladislas, Luca Marulli, Gabriel Monet, Jean-Luc Rolland.

Correspondants : Jacques Doukhan (Amérique du Nord), Yves Jacques (Afrique), Sully Payet (Océan Indien), Roger Tetuanui (Pacifique).

Tarifs et abonnements
Prix de vente du numéro : 7 €
Prix de l'abonnement (deux numéros par an, frais de port compris) :
    Pour l'Europe et Dom-Tom : 14 €
    Pour le reste du monde : 18 €

Pour s'abonner, merci de remplir le formulaire prévu à cet effet sur la page dédiée du site Internet du Campus adventiste du Salève : www.campusadventiste.edu. L'abonnement peut être réglé par carte bancaire directement sur le site, ou à défaut par chèque à l'adresse de la faculté. Pour toute question ou renseignement à propos de l'abonnement : secretariat.fat@campusadventiste.edu.

© 2019, Faculté adventiste de théologie
33 chemin du Pérouzet, 74160 Collonges-sous-Salève
Imprimé par Books on Demand GmbH, Nordestedt, Allemagne

ISBN : 9782911358548
ISSN : 2606-1805

Dépôt légal : décembre 2019

Un regard théologique sur la justice

Daniela Gelbrich[1]

« Là où il n'y a pas de justice, il n'y a pas de paix », dit l'adage. Nous vivons dans un monde brisé par les conflits et profondément injuste. Nous regardons l'injustice dans les yeux jour après jour : d'un côté, nous voyons le petit enfant qui n'a rien à manger, qui gît nu dans les bras de sa mère et qui meurt de faim. De l'autre côté, nous rencontrons l'adolescent dont les parents sont multimillionnaires et qui peut se permettre tout ce que son cœur désire, qui n'a rien à faire pour être rassasié. Nous savons qu'un petit pourcentage de la population mondiale possède la majeure partie de la richesse. Et pourtant, malgré tant d'injustice subie et vécue au cours des siècles de l'histoire, l'humanité ne s'est pas habituée à l'injustice. Tout au contraire, la justice reste une aspiration profonde de l'humain.

La justice est définie comme un état idéal de coexistence sociale, un équilibre impartial des intérêts et la distribution des biens et des opportunités. L'humanité entière lutte pour obtenir des réponses à la question de la justice, sur le plan politique ainsi que sur le plan existentiel. Nous sommes malheureux quand nous sommes traités injustement, ignorés, exclus, incompris ou exploités. L'injustice existe aussi dans nos vies personnelles. Nous sommes traités injustement et nous traitons les autres injustement. Lorsque nous sommes traités injustement, bien sûr, nous le ressentons intensément. Lorsque nous traitons les autres injustement, nous ne le remarquons même pas forcément parfois.

Retour dans le passé. Le feu sacré brûle sur les autels de nombreux pays. Des animaux sont sacrifiés en l'honneur des dieux. Les prêtres brûlent de l'encens.

---

[1] Daniela Gelbrich, docteur en philologie, est professeur d'Ancien Testament à la Faculté adventiste de théologie de Collonges-sous-Salève (France). Cet article s'appuie sur la réflexion d'Abraham Heschel sur la justice (*The Prophets. An Introduction*, New York, Harper and Row, 1962, p. 195-220).

Le chant solennel de l'assemblée est dans l'air. Les pèlerins sont dans la rue. Le sacrifice est offert pour apaiser le courroux des dieux et pour que celui qui l'offre soit rendu juste.

Dans l'ancien Israël, les sacrifices font aussi partie intégrante du culte. Les sacrifices renvoient à l'expérience de l'humain de s'abandonner à Dieu et d'être reçu par lui. L'autel est comparé à une table où l'humanité et Dieu se rencontrent. Le sacrifice rétablit celui qui l'offre, le libère de l'injustice qu'il a commise. Dans cette optique, le sacrifice exprime cette aspiration profonde à la justice.

Et pourtant, les prophètes qui parlent de la part de Dieu au sein de la communauté de l'ancien Israël critiquent avec véhémence les sacrifices qu'Israël offre. Samuel, le dernier juge en Israël, dit à Saül, le premier roi d'Israël : « L'Eternel trouve-t-il du plaisir dans les holocaustes et les sacrifices, comme dans l'obéissance à la voix de l'Éternel ? Voici, l'obéissance vaut mieux que le sacrifice, et l'observation à sa parole vaut mieux que la graisse des béliers » (1S 15.22). Samuel souligne ainsi qu'il est plus important de vivre au rythme de la voix de Dieu et de mettre en pratique les valeurs du royaume de Dieu que d'offrir des sacrifices qui s'inscrivent dans un rituel prescrit. Il met en relief qu'une vie en harmonie avec la philosophie de Dieu est au-dessus du sacrifice.

Amos, l'un des premiers prophètes classiques d'Israël, et les prophètes qui le suivent, tiennent à rappeler à leurs auditeurs (et lecteurs) qu'une vie morale axée sur l'amour au sens de la Torah est plus importante que le sacrifice. Ils proclament même que le culte rendu par ceux qui vivent l'immoralité et l'injustice devient abominable. Les prophètes soulignent également que la valeur du culte dépend de la vie morale de ceux qui le célèbrent. Ils remettent en question le fait que l'être humain adore Dieu par des sacrifices et des chants, mettant en relief que le meilleur moyen de servir et d'adorer Dieu est d'aimer et de vivre la justice dans la vie de tous les jours. Ce sont l'amour et la justice mis en pratique et rendus visibles dans l'existence concrète de l'être humain qui constituent l'essentiel de l'existence humaine dans un monde brisé. Ce sont l'amour et la justice vécus qui comptent réellement aux yeux de Dieu.

La demande des prophètes semble paradoxale ! Les dieux n'exigent-ils pas qu'on leur sacrifie des victimes, qu'on leur offre de l'encens et qu'on vénère leur puissance ? Le sacrifice n'est-il pas une mesure de la piété de celui qui l'apporte ? Le sacrifice doit-il vraiment être considéré comme offensant ?

Bien sûr, les prophètes ne condamnent pas le sacrifice en tant que sacrifice. Ils disent, cependant, que des actes injustes ou une vie égocentrique gâchent le sacrifice et la prière et les rendent inutiles. On ne peut pas étouffer le cri des opprimés dans les chansons. On ne peut pas acheter Dieu avec des sacrifices. Les prophètes dévaluent le service d'adoration quand ce dernier devient un substitut pour une vie juste. En même temps, les porte-paroles de Dieu mettent en valeur le culte en disant qu'il y a quelque chose de plus précieux que le sacrifice.

Le culte d'adoration institué à l'origine par Dieu dans l'ancien Israël devait être authentique. Il existait pour transformer l'être humain. Il existait pour remplacer l'égocentrisme par l'amour. Il devait conduire l'humain à une communion intime avec Dieu. Dieu et l'humain étaient censés se rencontrer à l'autel. Ils y faisaient un pacte. Ils y concluaient une alliance basée sur l'amour et le respect. Le sacrifice était un don de Dieu à l'humanité afin de libérer l'individu de sa culpabilité, de son injustice et du mal qui menacent la vie, l'amour et la paix.

L'importance d'offrir des sacrifices aux dieux dans l'Antiquité se voit dans le fait que les parents étaient prêts à sacrifier leurs enfants sur l'autel. Mesha, roi de Moab, sacrifie son premier-né, celui qui devait régner à sa place, comme holocauste sur le mur, alors qu'il ne voit aucune issue à la guerre dans laquelle il est impliqué (2R 3.26-27).

La solennité et la sublimité du culte dans l'ancien Israël sont jugées par les prophètes comme secondaires ou même dégoûtantes si celui qui célèbre le culte manque d'amour, de charité, d'un œil pour les besoins existentiels de l'orphelin et de la veuve. Les choses quotidiennes et banales comme la bonté, la charité et l'attention au prochain sont-elles réellement importantes pour le Dieu du ciel et de la terre ? C'est exactement ce qu'il demande ! Doit-on sentir la présence de Dieu dans une vie qui est juste ? La présence de Dieu ne devrait-elle pas plutôt demeurer dans un temple précieux et sublime ?

Bien sûr, le Dieu d'Israël vivait dans un temple à l'époque de l'ancien Israël. Aujourd'hui, nous pouvons probablement à peine imaginer ce que cela a dû être d'entrer dans le temple sublime que Salomon avait construit - plein de trésors, plein d'or, plein de pierres précieuses. Mais pourquoi le Dieu d'Israël a-t-il attaché tant d'importance à une vie qui est juste ? Pourquoi la justice et l'amour étaient-ils si importants pour le Créateur de toutes choses ?

Une partie de la réponse réside peut-être dans la pensée suivante : la justice n'est pas seulement une valeur dans la Bible hébraïque. La justice est étroitement liée à Dieu et à son être. La souffrance de l'être humain vivant dans un monde brisé touche le cœur de Dieu. Dieu est concerné par les relations que les gens entretiennent les uns avec les autres. Dans la Bible hébraïque, la justice est un concept axé sur les relations. Quand l'être humain créé à l'image de Dieu agit injustement, fait ce qu'il veut, exploite les faibles, ne pense qu'à lui-même et à sa propre vie, il se révolte contre Dieu, il insulte Dieu. Opprimer un être humain, le traiter abominablement et lui infliger ainsi des blessures, c'est humilier Dieu. « Celui qui fait violence aux plus petits blasphème le Créateur, mais celui qui a pitié des pauvres honore Dieu » dit le livre des Proverbes (14.31).

L'être humain n'est pas seul. Il a Dieu. Dieu est son instrument qu'il peut utiliser pour construire sa vie. La vie est comme l'argile et la justice est la forme sous laquelle l'histoire d'un individu doit prendre forme. L'humain brisé défigure cette forme. Le monde est plein de violence, d'injustice et de faux dieux. Les humains sacrifient leur vie sur les autels d'un monde déraciné. Mais Dieu a besoin de femmes et d'hommes miséricordieux qui vivent dans la justice. Les aspirations les plus profondes de l'humanité ne peuvent pas être satisfaites dans les nombreux temples que nous avons créés.

La justice n'est pas une vieille habitude. Elle n'est pas une convention humaine ou seulement une valeur. Elle est une œuvre de vie, une mission divine que Dieu confie à l'être humain. La justice ne concerne pas seulement la relation entre l'humain et son prochain. La justice inclut Dieu. Dieu est juste. La justice fait partie intégrante de son être. Sa validité est non seulement universelle mais éternelle.

Le pouvoir, l'omniscience, la sagesse et l'idée de l'infinité sont souvent associés aux dieux des différentes religions. La justice et l'amour ne le sont pas nécessairement. Mais la justice et l'amour du Dieu d'Israël sont profondément enracinés dans la conscience de l'homme biblique. Il n'y a guère de pensée plus profonde que celle-ci. Dieu est juste. « Seigneur, tu es juste et tes jugements sont justes » dit le Psalmiste (119.137). Ou « Car l'Éternel est juste et aime la justice » (11.7). Dieu est la source de tout. Il est le juge de la terre. Il est le juge du monde entier et il est juste.

Il y a deux termes hébreux pour « justice » : *tsedakah* et *mishpat*. Le mot *mishpat* signifie le verdict du juge. Ce mot peut donc se traduire par « droit », « norme », « décret », « loi » ou bien sûr « justice ». Le terme *tsedakah* est lui presque exclusivement traduit par « justice ». Bien que « légalité » ou « droit » et « justice » ne soient pas identiques, ils doivent toujours interagir. La justice se reflète dans la loi. Il est difficile de faire la différence entre *mishpat* (le droit) et *tsedakah* (la justice). On pourrait cependant dire que le « droit » représente une manière de travailler et la « justice » signifie la qualité de l'être humain, sa manière d'être.

La justice va au-delà de la loi. La loi est stricte. Chacun reçoit ce qui lui est dû. La justice inclut la bonté, l'amour et la générosité. Le droit a trait à la légalité. La justice est associée à une profonde compassion pour les opprimés. La Torah dit que lorsque quelqu'un prête quelque chose à une personne dans le besoin, l'emprunteur ne doit pas dormir avec le gage du nécessiteux. Il doit lui rendre le gage au coucher du soleil pour que le nécessiteux puisse dormir dans son manteau et bénir celui qui lui a prêté (Ex 22.26-27). Ceci est lié à la justice. S'il n'y a pas d'amour authentique, de miséricorde, le droit meurt, quelle que soit la manière exacte selon laquelle il est exécuté.

Les prophètes qui étaient à l'œuvre dans l'ancien Israël n'étaient pas consternés par l'absence de lois appropriées et cohérentes. Ils étaient indignés par le manque de justice. Ils ont critiqué le mode de vie égocentrique et donc injuste de ceux qui prétendaient servir Dieu. Dans la vie de ces personnes, la justice, qui distingue Dieu et qui est profondément enracinée dans l'essence même de Dieu, n'était pas devenue visible. Et l'injustice est un affront direct à Dieu.

Dans la Bible hébraïque, le manque de justice ou l'absence d'une vie dans laquelle Dieu est présent est comparé à une terre qui se transforme en désert. Elle est aride et ne peut pas porter des fruits. Les prophètes déplorent cet état, mais cet état n'a jamais le dernier mot. L'injustice ou une vie dans laquelle l'égocentrisme, l'orgueil et l'arrogance règnent ne doivent pas avoir le dernier mot parce que Dieu est juste et fraye un chemin sur lequel la justice s'épanouit. L'humanité entière est invitée à l'emprunter. Le prophète Esaïe dit que l'état désertique touche à sa fin lorsque l'Esprit de Dieu est répandu d'en-haut sur la terre sèche : « Alors la droiture habitera dans le désert et la justice aura sa demeure dans le verger. L'œuvre de la justice sera la paix, et le fruit de la justice le repos et la sécurité pour toujours » (Es 32.16-17).

Nous vivons dans un monde ébranlé par des conflits étroitement liés à l'injustice. L'injustice semble remporter la victoire. Et qui entend le cri des opprimés d'un monde tourmenté ? Or c'est précisément dans ce monde que le Dieu d'Israël veut rencontrer l'être humain. Il souhaite faire alliance avec lui afin que l'être humain puisse vivre une vie juste, par grâce, et devenir sensible aux cris d'un monde tourmenté, par grâce. L'essentiel, ce sont l'amour et la justice, des qualités inébranlables qui caractérisent Dieu lui-même et ceux qui s'attachent à lui.

Le Dieu d'Israël est un Dieu de justice : de compassion véritable, de bonté authentique et d'amour profond et immuable. Son amour n'est pas aveugle. Son amour est constant et inébranlable. Mais c'est un Dieu qui voit. Devant lui, tout individu a la même valeur. Devant lui, il n'y a pas de classe privilégiée. Il s'occupe des veuves et des orphelins qui sont perçus comme « épuisants » parce qu'il faut s'occuper d'eux. Il se tient derrière l'opprimé qui est exploité et piétiné. Il respecte même ceux qui refusent de le respecter. Il a promis de rétablir la justice pour que la paix puisse devenir une réalité incontournable.

Une théologie du ministère pastoral dans une approche biblique et adventiste

Walter Alaña[1]

En lisant les Ecritures saintes, nous constatons que, tout au long de l'histoire, Dieu a choisi des instruments humains pour guider son peuple à travers un style distinctif de leadership que la Bible qualifie de pastoral (Ps 77.20 ; 78.70-72 ; Jr 23 ; Es 44.28 ; Ez 34 ; Jn 10.11 ; 21.15-17 ; Ac 20.28 ; He 13.7)[2]. Bien que ces personnes aient été appelées à remplir différentes fonctions, elles avaient le devoir d'exercer un leadership pastoral. C'est-à-dire devant agir comme des bergers humains en représentation du divin pasteur (Gn 49.24 ; Ps 23.1 ; Es 44.28 ; 1P 2.25 ; 5.4).

La notion de leadership pastoral dans l'Ancien Testament

La notion de leadership pastoral était répandue à l'époque de l'Ancien Testament, car la figure du roi en tant que berger s'avère courante dans les découvertes archéologiques du Proche-Orient ancien[3]. Cette référence au monarque en tant que berger était également courante en Egypte et en Grèce[4]. Du point de vue biblique, ce type de leadership impliquait un ensemble de responsabilités cruciales pour assurer le bien-être du peuple de Dieu.

Le terme hébreu pour décrire la fonction pastorale est *ra'ah*. Ce mot peut être traduit par « paître, soigner, être berger » au sens propre ou au sens figuré. Le

---

[1] Walter Alaña, docteur en théologie, est professeur de théologie pratique et doyen de la Faculté adventiste de théologie à Lima (Pérou). Cet article, tiré d'une conférence présentée à Collonges lors de la rencontre européenne des théologiens adventistes (avril 2019), a été traduit par Gabriel Monet.
[2] Tremper Longman III mentionne que « la métaphore du berger est commune pour évoquer les leaders en Israël (Ps 23 ; Ez 34) » (*Jeremiah-Lamentations*, Grand Rapids, Baker Books, 2008, p. 97.
[3] Robert Alter, *The book of Psalms. A translation with commentary*, New York, Norton & Company, 2007, [E-book] § 6404.
[4] Jennifer Awes Freeman, « The Good Shepherd and the Enthroned Ruler. A reconsideration of imperial iconography in the Early Church », in Lee Jefferson, Robin Jensen (éd.), *The Art of Empire*, Minneapolis, Augsburg Fortress, 2015, p. 168-174.

berger « prend soin des brebis et les assiste, mais il a aussi autorité sur le troupeau et ses règles en tant que supérieur[5] ». La racine hébraïque *ra'ah* dérive d'une ancienne racine akkadienne[6] qui a été utilisée comme titre honorifique dans le cadre des noms royaux vers 2300 av. J.-C. Dans l'Ancien Testament, elle apparaît plus de cent soixante fois et concerne une tâche pastorale plus de soixante fois. Sa signification principale est liée à l'alimentation des animaux domestiques (Gn 29.7).

Bien que depuis l'antiquité, les dirigeants des nations aient été considérés comme responsables « pastoraux » de leurs sujets, dans l'ancien temps c'est Dieu qui guide son peuple et qui reçoit des louanges pour sa miséricorde (Gn 48.16 ; Ps 23.1 ; 28.9 ; Es 40.11 ; Os 4.16). Cependant, il est important de noter que Dieu, le divin pasteur de son peuple, décide de prendre soin de son peuple et de le guider au travers de bergers humains (2S 5.2 ; Jr 3.15). « Cet attribut de Dieu est l'une des marques des fonctions du prophète, du prêtre et du roi[7] ».

Les instruments humains choisis par Dieu pour apporter un soin pastoral à son peuple ont trois tâches fondamentales : (1) prendre soin de tout le troupeau placé sous sa garde (Ez 34.4) ; (2) faire paître le peuple de Dieu avec la bonne nourriture, la parole de Dieu chérie dans leur cœur[8] ; et (3) conduire le peuple vers l'accomplissement des desseins du divin pasteur[9]. Ces activités exigeaient à la fois des qualités de caractère et des compétences adéquates. En ce sens, Psaumes 78.72 affirme : « David les fit paître (*ra'ah*)avec un cœur intègre et il les conduisit (*nâchâh*) avec des mains habiles ».

Moïse et David : bergers modèles du troupeau du Seigneur

Dans l'Ancien Testament, il est clair que les différents personnages qui ont joué différents rôles ont compris le grand besoin que le peuple de Dieu soit dirigé par

---

[5] Article « רָעָה », in James Swanson (éd.), *Diccionario de idiomas bíblicos. Hebreo*, Bellingham, Lexham, 2014.
[6] William White, article « רָעָה », in Laird Harris, Gleason Archer Jr, Bruce Waltk (éd.), *Theological Wordbook of the Old Testament*, Chicago, Moody Press, 1980, vol. 2, p. 852.
[7] *Ibid.*, p. 853. Bien que ce ne soit pas directement lié à notre sujet, il est intéressant de noter que les prophètes, les prêtres et les rois étaient oints d'huile avant de pouvoir remplir leurs fonctions.
[8] Voir en particulier Ezéchiel 34 où Dieu dénonce que le problème principal des bergers de son peuple est qu'ils sont d'abord soucieux de se « repaître eux-mêmes » (v. 2) plutôt que de « paître le troupeau » (v. 2-3). Plus tard, Jésus dira que « tout scribe instruit du règne des cieux est semblable à un maître de maison qui tire de son trésor des choses nouvelles et des choses anciennes » (Mt 13.52).
[9] Psaume 77.20 en est un bon exemple. Ce texte dit que Dieu a guidé ou conduit son peuple par la main de Moïse et Aaron. En même temps, Psaume 78.14 mentionne que Dieu a guidé ou conduit son peuple par la nuée et les colonnes de feu. Cela semble mettre en évidence la nécessité pour le berger humain de connaître la volonté divine afin de la suivre avec précision.

des leaders pastoraux. Des personnes comme Moïse (Nb 27.17) et le psalmiste Asaph (Ps 78.70-72) ont compris que le succès du peuple d'Israël était inextricablement lié à une direction pastorale adéquate.

Une lecture attentive de l'Ancien Testament à ce sujet suggère que Moïse (Ex 2.15-31 ; 14.30-31 ; 32.11-12 ; 33.11-23 ; cf. Ps 77.20 ; Es 63.11) et plus tard David (Ps 78.70-72 ; cf. 1S 16.7,11-12 ; 2S 5.2 ; 1R 9.4, 14.8, 15.5, etc) étaient des modèles en tant que pasteurs du troupeau de Dieu. Moïse est le berger envoyé par Dieu pour apporter la délivrance à son peuple et le conduire à travers le désert vers Canaan. Dans le livre d'Esaïe, il y a un passage paradigmatique qui souligne la manière dont Dieu, le divin pasteur, conduit son peuple au travers d'un berger humain.

Le prophète Esaïe dépeint la grande délivrance pendant l'exode à l'aide de son serviteur Moïse : « Son peuple alors se rappela les jours du temps de Moïse : "Où est celui qui fit remonter de la mer le berger de son troupeau ? Où est celui qui mit en lui son Esprit saint ? Celui qui fit avancer, à la droite de Moïse, son bras resplendissant ? Celui qui fendit les eaux devant eux pour se faire un nom éternel ? » (Es 63.11-12).

En outre, Deutéronome 17.14-20 montre l'idéal biblique concernant un roi. David apparaît dans la Bible comme le berger qui constitue le meilleur exemple d'une telle description.

Walter Brueggemann explique que le terme « berger » est une métaphore conventionnelle utilisée dans le monde antique pour désigner le roi. Brueggemann souligne que le monarque devait prendre soin, nourrir, éduquer et protéger la communauté qui était sous ses ordres. En utilisant cette métaphore, il est possible de distinguer, dans le récit concernant David, comment la narration progresse pour passer du statut de berger (1S 16.11) à celui de roi-berger[10].

David était l'instrument utilisé par Dieu pour vaincre ses ennemis et pour établir le vrai culte. C'est ainsi que commença un règne de paix et de prospérité appelé à attirer d'autres monarques de l'époque (1Chr 11.2,9 ; 12.1-40 ; 18.13 ; 16.1-6 ; 22.17-19). Le Psaume 78 souligne l'élection divine de David, son caractère et les capacités qu'il possédait. Ce Psaume déclare : « Il choisit David, son serviteur ; il le prit dans les bergeries ; il le prit derrière les brebis qui allaitent, pour lui faire paître Jacob, son peuple, et Israël, son patrimoine. Et David les fit paître avec un cœur intègre et il les conduisit avec des mains habiles » (Ps 78.70-72).

---

[10] Walter Brueggemann, *First and Second Samuel*, Louisville, John Knox, 1990, p. 237.

Bergers infidèles et prophéties sur l'avenir et le pasteur idéal

Des prophètes comme Michée (1R 22.17), Esaïe (Es 50.6), Jérémie (Jr 34.5) et Zacharie (Za 10.2) n'ont pas manqué de dénoncer l'infidélité des bergers en service et les terribles conséquences qui résulteraient de cette attitude regrettable. Tremper Longman III affirme que l'erreur des dirigeants (rois, prophètes et prêtres) était de négliger leur devoir, qui était de guider les personnes dont ils avaient la charge[11].

Malheureusement, les archives sacrées montrent clairement que, dans la plupart des cas, l'exercice du leadership pastoral ne s'est pas fait avec solennité et responsabilité. Au contraire, le troupeau de Dieu était pauvrement nourri en recevant des enseignements trop humains en lieu et place de la Parole de Dieu (Jr 8.9-11)[12] et maltraité par des dirigeants qui utilisaient leur position pour leur propre bénéfice (Jr 23.1-4). C'est une vérité évidente tout au long de l'Ancien Testament que l'échec des chefs spirituels dans l'accomplissement de leur fonction pastorale a abouti à l'apostasie, ce qui a débouché à la destruction du peuple de Dieu (Jr 10.21 ; Es 50.6)[13].

Enfin, en raison de l'échec répété de ceux qui avaient charge pastorale envers le peuple d'Israël, les prophètes pré-exiliques et post-exiliques ont prophétisé l'arrivée du pasteur idéal, le roi messianique et davidique qui gouvernerait et s'occuperait du peuple avec justice. Il serait responsable de s'assurer que le peuple de Dieu avance sur le chemin de l'obéissance aux commandements du Seigneur et ainsi que chacun puisse recevoir toute la bénédiction de l'alliance (Jr 3.15 ; 23.1-6 ; Ez 34.1-31 ; Mi 5.1-9 ; Za 11.4-13.9).

En tant que porte-paroles de Dieu, Esaïe et Ezéchiel réitèrent cette annonce : « Comme un berger, il fera paître son troupeau, de son bras il rassemblera des agneaux et les portera sur son sein ; il conduira les brebis qui allaitent » (Es 40.11). « Je nommerai à leur tête un seul berger qui les fera paître, David, mon serviteur ; il les fera paître, il sera leur berger. Moi, le Seigneur, je serai leur Dieu, et David, mon serviteur, sera prince au milieu d'eux — c'est moi, le Seigneur Eternel, qui ai parlé » (Ez 34.23-24). « David, mon serviteur, sera leur roi, et ils

---

[11] Tremper Longman III, *Jeremiah-Lamentations*, p. 306.
[12] Longman III met en évidence que dans les passages prophétiques, « c'est particulièrement les leaders religieux qui sont à blâmer pour la rebellion du peuple » (*ibid.*, p. 81).
[13] Il est paradoxal de constater qu'au milieu d'une longue période caractérisée par l'infidélité continue de ceux qui devaient exercer le leadership pastoral, Dieu annonce qu'il accomplira ses desseins à travers un monarque étranger, Cyrus, en déclarant : « C'est mon berger ! Il comblera tous mes désirs » (Es 44.28).

auront tous un seul berger. Ils suivront mes règles, ils observeront mes prescriptions et les mettront en pratique » (Ez 27.24).

La notion de leadership pastoral dans le Nouveau Testament

Les références au leadership pastoral sont également évidentes dans l'ensemble du Nouveau Testament. Dans les lignes qui suivent, ce type de leadership est présenté à partir des évangiles synoptiques puis surtout de Jean. Ensuite, la perspective apostolique concernant le rôle pastoral est décrite en se concentrant spécialement sur le ministère apostolique de Paul.

Le leadership pastoral dans les évangiles synoptiques

Les évangiles soulignent que Jésus de Nazareth a été l'accomplissement des prophéties de l'Ancien Testament annonçant la substitution des bergers infidèles du peuple d'Israël par le pasteur idéal, le Messie promis qui viendrait de la lignée de David.

L'un des buts essentiels de Matthieu est de faire la démonstration dans son évangile que Jésus est le Messie prophétisé dans l'Ancien Testament. En ce sens, il cite la prophétie de Michée 5.2 et l'applique directement à Jésus : « Et toi, Bethléem, terre de Juda, tu n'es certainement pas la moins importante dans l'assemblée des gouverneurs de Juda ; car de toi sortira un dirigeant qui fera paître Israël, mon peuple » (Mt 2.6). La compassion toute pastorale de Jésus émerge lorsqu'il est déclaré : « A la vue des foules, il fut ému, car elles étaient lassées et abattues, comme des moutons [*próbaton*] qui n'ont pas de berger [*poimēn*] » (Mt 9.36).

Un autre détail important présenté par Matthieu est le ministère pastoral itinérant et global de Jésus lorsque l'évangéliste affirme : « Jésus parcourait toute la Galilée, enseignant dans leurs synagogues, proclamant la bonne nouvelle du Règne et guérissant toute maladie et toute infirmité parmi le peuple » (Mt 4.23 ; cf. 9.35). « L'enseignement et la prédication de Jésus étaient accompagnés par son ministère de guérison ; il guérissait les malades, les souffrants, les démoniaques, les épileptiques et les paralytiques (v. 24). Ce ministère consistait en la proclamation, en paroles et en actes, de la bonne nouvelle du royaume ainsi qu'en des démonstrations de la grandeur d'un roi[14] ».

---

[14] Matt Carter, Josh Wredberg, *Christ-Centered Exposition. Exalting Jesus in John*, Nashville, B&H Publishing, 2017, [E-book] § 1511. Pour sa part, Ellen White souligne également l'importance du ministère intégral de Jésus et la priorité qu'il a donnée à son ministère de guérison. Elle dit : « Pendant son ministère, Jésus passa plus de temps à soigner les malades qu'à prêcher. Ses miracles prouvaient la véracité de ce qu'il disait: 'Le Fils de l'homme est venu, non pour perdre les âmes des

L'évangile de Marc, généralement accepté comme le premier évangile à avoir été écrit, endosse aussi le langage pastoral utilisé dans l'Ancien Testament lorsqu'il mentionne : « Quand il descendit du bateau, il vit une grande foule ; il en fut ému, parce qu'ils étaient comme des moutons qui n'ont pas de berger » (Mc 6.34 ; cf. Mt 9.36 ; Nb 27.17 ; 1R 22.17 ; 2Ch 18.16). Cependant, Marc ajoute à la fin de ce verset : « Et il se mit à leur enseigner quantité de choses ». Plus loin, Marc cite Jésus lorsqu'il applique à lui-même la prophétie de Zacharie 13.7 : « Jésus leur dit : Il y aura pour vous tous une cause de chute, car il est écrit : Je frapperai le berger [*poimēn*], et les moutons [*probaton*] seront dispersés » (Mc 14.27 ; cf. Mt 26.31).

Dans la section apocalyptique de Matthieu, Jésus est le roi-berger qui juge les nations : « Lorsque le Fils de l'homme viendra dans sa gloire, avec tous les anges, il s'assiéra sur son trône glorieux. Toutes les nations seront rassemblées devant lui. Il séparera les uns des autres comme le berger sépare les moutons des chèvres » (Mt 25.31-32).

Luc, lui, présente le Christ comme celui qui guide les croyants et comme celui qui cherche la brebis perdue (Lc 15.3-7). A travers ces passages, le Christ est représenté comme le bon pasteur qui connaît, protège, cherche, pourvoit, se sacrifie et ultimement juge (vindicatif) ses brebis. Un autre accent dans cet évangile est la mention fréquente de l'action de l'Esprit Saint dans la vie et l'œuvre du Messie (Lc 3.21-22 ; 4.1,14). Plus tard, ce schéma servira de modèle à ses disciples. De la même manière qu'il a accompli son ministère par la puissance du Saint-Esprit, ses disciples devraient faire de même (Lc 24.29).

Le leadership pastoral dans l'évangile de Jean

C'est dans l'évangile de Jean que l'identité de Jésus en tant que pasteur idéal se détache le plus clairement. L'évangile de Jean déclare directement que Jésus est le bon berger. Tandis que les dirigeants juifs (pasteurs humains nommés pour guider le peuple d'Israël en représentation du divin pasteur) expulsent du Temple un aveugle, Jésus, après l'avoir guéri, établit le contraste entre le bon pasteur et les faux pasteurs qui profitent du troupeau de Dieu (Jn 10-11).

Il est important de noter qu'à sept reprises Jésus se réfère à sa divinité en utilisant l'expression « Je suis », comme une allusion claire au nom que Dieu a révélé à Moïse (Ex 3.13-15). Deux de ces occurrences se produisent dans Jean 10 : « Je suis la porte des brebis » (10.7,9) et « Je suis le bon berger » (10.11,15). En

---

hommes, mais pour les sauver". [...] Quand il traversait villes et villages, il était comme un courant vivifiant, d'où émanaient l'enthousiasme et la joie » (*Le ministère de la guérison*, Mountain View, Pacific Press, 1977, p. 19).

outre, il y a trois thèmes principaux en relation avec l'image de Jésus comme bon berger dans Jean 10 : premièrement, en bon pasteur, il donne sa vie pour ses brebis (10.11,15) ; deuxièmement, ses brebis entendent sa voix, il leur donne la vie éternelle et elles ne périront jamais (10.27-28) ; et troisièmement, il doit amener ses autres brebis et toutes les rassembler en un seul troupeau (10.16).

Sans aucun doute, l'un des faits saillants de Jean 10 est la description de Jésus comme étant exemplaire en tant que « bon roi-berger », dont la mort est interprétée comme un sacrifice complet pour ses brebis (Jn 10.11). Un autre but de Jean 10.1-21 est de démontrer que Jésus est l'incarnation du divin pasteur annoncé dans le Psaume 23 et dans Ezéchiel 34. Bien qu'il soit possible d'établir plusieurs similitudes concernant le divin berger à partir de ces passages (Jn 10.1-21 ; Ps 23 ; Ez 34), il y a quelques qualités attribuées à Jésus, le bon berger, qui n'apparaissent ni dans le Psaume 23 ni dans Ezéchiel 34. Jean est le seul à affirmer qu'il connaît ses brebis et elles le connaissent (10.14) ; qu'il donne sa vie pour elles (10.11,15,17,18) ; qu'il amène aussi dans son bercail d'autres brebis qui ne font pas partie de son troupeau[15].

Jean 21.1-19 est un autre passage central du Nouveau Testament dans le développement de la compréhension de la fonction pastorale. Dans ce passage, Jésus, le bon berger, partage la fonction pastorale avec les apôtres, représentés à cette occasion par Pierre. Cette mission pastorale[16] est un élément fondamental du dialogue rédempteur entre Jésus et Pierre en présence des disciples. Ceci devient évident à travers l'utilisation de deux paires de mots répétés dans les directives de Jésus à Pierre qui doit « paître » [*bóskō*] et « être le berger » [*poimaínō*] des agneaux [*arníon*] et des moutons [*próbaton*] (v. 15-17). Dans ces versets, *poimaínō* apparaît une fois (v. 16) et *bóskō* deux fois (v. 15,17) ; tandis que *arníon* apparaît une fois (v. 15) et *próbaton* deux fois (v. 16,17)[17].

Evidemment, le commandement donné par Jésus à Pierre de garder les brebis doit être compris dans le contexte du langage et des métaphores pastorales qui sont utilisés dans l'Ancien Testament. L'intertextualité de Jean 21.15-17 et de la

---

[15] Bruce Vawter, « The Gospel according to John » in Raymond Brown, Joseph Fitzmyer, Roland Murphy (éd.), *The Jerome Biblical Commentary, vol. II: The New Testament and Topical Articles*, Englewoods, Prentice-Hall, 1968, p. 444.

[16] Sean Seongik Kim, « The delayed call for Peter in John 21:19. To follow in and by his love », *Neotestamentica* 51 (2017/1), p. 41-63.

[17] En ce qui concerne cet épisode, Ellen White note : « Le divin Berger a des adjoints (*under-shepherds* = sous-bergers) à qui il confie le soin des brebis et des agneaux. Le premier travail que le Christ a confié à Pierre, lorsqu'il l'a réinstallé dans le ministère, c'est de paître les agneaux (Ellen White, *Le ministère évangélique*, Dammarie-lès-Lys, Vie et Santé, 2000 [1915], p. 176). « Immédiatement avant son ascension, le Christ confia à Pierre la mission de paître les agneaux. C'est une tâche qui incombe à chaque ministre de Dieu » (*ibid.*, p. 202).

Septante est établie par l'utilisation des termes *bóskō* et *poimaínō*. D'une part, *bóskō* apparaît fréquemment dans Ezéchiel 34, où Dieu fait face à l'infidélité des bergers de son peuple en annonçant qu'il s'en occupera lui-même (Ez 34.13-16). D'autre part, ce terme n'est utilisé dans le NT que pour se référer à l'action du berger dans Jean 21.15,17[18]. Selon Sean Seongik Kim, l'évangéliste souligne dans ce passage l'idée de Dieu comme étant « le berger »[19].

Le mot *poimaínō*, synonyme de *bóskō*, apparaît fréquemment dans la Septante dans les passages où Dieu se présente comme le berger de son peuple, et aussi dans les textes où il établit des leaders pour faire paître son peuple à sa manière (Ps 23.1 ; 14 ; 80.1 ; Mi 7.14 ; Jr 3.15). En utilisant ce terme, Jean renforce le message de l'Ancien Testament en ce sens que la mission de guider le peuple de Dieu est une prérogative divine ; par conséquent, le travail pastoral doit être assumé en considérant que Dieu lui-même est le berger suprême de son peuple. Alors, ceux qui ont été choisis par lui pour partager ce travail doivent accomplir la tâche selon le cœur de Dieu (Jr 3.15).

Cette analyse conduit à la conclusion que lorsque Jésus ordonne à Pierre de faire paître ses brebis, il l'appelle à suivre son propre exemple comme le bon berger. De plus, certains auteurs observent que dans les versets précédents (21.1-14), Jésus montre comment prendre soin de ses brebis. Essentiellement, la tâche pastorale consiste à poursuivre l'œuvre d'amour accomplie par le Père et le Fils en tant que bergers[20].

Dans cet épisode avec Pierre, Jésus délègue à ses apôtres la tâche de guider le nouveau peuple de Dieu (son Eglise). A cette occasion, le Seigneur Jésus a clairement établi que l'amour doit être le fondement de la tâche pastorale. Avant de renier son maître, Pierre avait montré des signes d'autosuffisance. Dans ce dialogue rédempteur, Jésus lui a montré que le vrai ministère pastoral ne peut s'exercer que lorsque ceux qui ont été nommés pasteurs ont la juste motivation : un amour sans partage pour le bon pasteur (Jn 21.15-17).

Ce message est en parfaite harmonie avec ce qui a été dit précédemment par Jésus dans Jean 10.7-9 où il se décrit lui-même comme « la porte des brebis ». Ainsi, il est le bon berger mais aussi l'unique porte d'accès pour les brebis du troupeau de Dieu. Par conséquent, ce n'est qu'au travers d'une relation étroite avec Jésus que les pasteurs humains sont reconnus comme de véritables pasteurs par Dieu et par les brebis (Jn 10.8-9).

---

[18] Les autres occurrences de *bóskō* dans le NT font référence au travail des porcs au pâturage (Mt 8.30,33 ; Mc 5.11,14 ; Lc 8.32,34 ; 15.15).
[19] Sean Seongik Kim, « The delayed call for Peter in John 21:19 », p. 58.
[20] Andrew Lincoln, *The Gospel according to Saint John*, London, Continuum, 2005, p. 515.

Ellen White commente :

> « En agissant ainsi avec Pierre, le Sauveur montrait *à tous* avec quelle patience, quelle sympathie, il convient de s'occuper des pécheurs. Bien que Pierre l'eût renié, Jésus lui garda un amour inaltérable. C'est de cet amour même que les *sous-bergers* doivent aimer les brebis et les agneaux confiés à leurs soins. Pierre se rappellera toujours sa faiblesse et sa chute et fera preuve, à leur égard, de la même tendresse que Jésus lui a témoignée[21] ».

Le leadership pastoral apostolique

Le livre des Actes des apôtres raconte qu'après l'ascension de Christ, les apôtres ont assumé la mission de conduire pastoralement l'Eglise naissante, mission qui leur avait été confiée pendant le dialogue au bord de la mer rapporté dans Jean 21. Plus tôt, dans Jean 20.19-22, Jésus avait défini le rôle de ses disciples comme missionnaires. « Jésus leur dit à nouveau : Que la paix soit avec vous ! Comme le Père m'a envoyé [*apostellō*], moi aussi je vous envoie [*pempō*][22] » (Jn 20.21). Par ces paroles, Jésus a voulu souligner qu'« il envoie ses disciples de la même manière qu'il a lui-même été envoyé (v. 21-23) : dans l'obéissance au Père, par la puissance de l'Esprit, pour annoncer le message du salut[23] ». Une telle description doit être considérée comme un aspect central du ministère pastoral apostolique.

Sous la direction pastorale des apôtres, l'Église primitive s'est développée en tant que communautés missionnaires fortifiées par l'Esprit de Dieu afin de répandre le message de Jésus-Christ jusqu'aux extrémités de la terre[24]. Dès le début, Luc indique clairement que Dieu est celui qui prend l'initiative de confier la mission à l'Église naissante. En ce sens, la responsabilité des agents humains dans les Actes n'est pas une responsabilité consistant à planifier des évenements ou à décider de stratégies mais « la responsabilité d'être obéissant à Dieu[25] ».

En outre, le livre des Actes des apôtres met en évidence la centralité de la parole (*lógos*) pour le ministère pastoral apostolique. Les Ecritures ont vocation à être le fondement à la fois de leur prédication et de leur mode de vie. Sur les cent

---

[21] Ellen White, *Jésus-Christ*, Dammarie-lès-Lys, Vie et Santé, 2000 [1898], p. 814. Italiques ajoutés.
[22] Dans ce cas, « Jésus a utilisé deux termes différents pour "envoyer", qui sont synonymes en Jean ». Ceci est clairement identifiable au chapitre 8, où *pémpō* est utilisé pour présenter Jésus envoyé par le Père (8.16,18,26,29), et *apostéllō* est utilisé en 8.42 ; ce qui s'applique aussi au chapitre 5.6 (cf. www.biblestudytools.com/commentaries/utley/juan/juan20.html).
[23] Matt Carter, Josh Wredberg, *Christ-Centered Exposition. Exalting Jesus in John*, § 8179.
[24] Andreas Köstenberger, Peter O' Brien, *Salvation to the ends of the earth: A biblical theology of mission*, Downers Grove, InterVarsity Press, 2011, p. 157.
[25] Beverly Gaventa, « Initiatives divine and human in the lukan story world », in Graham Stanton, Bruce Longenecker, Stephen Barton (éd.), *The Holy Spirit and the Christian origins*, Grand Rapids, Eerdmans, 2004, p. 79-81.

trente-quatre fois où *lógos* apparaît dans le Nouveau Testament, trente-trois appartiennent au livre des Actes. Ceux qui reçoivent la Parole sont plus tard baptisés (2.41). Les discours de Pierre dans Actes 2 et 3 sont la proclamation de la Parole. Ceux qui croient sont ceux qui entendent la Parole (4.40) et proclamer la parole demande du courage (4.29,31).

Dans le cadre de leur ministère pastoral, les apôtres ont annoncé la primauté de la prière et du ministère de la Parole (6.2,4). Parfois, la solution aux problèmes administratifs peut être déléguée, mais pas la prière ni le ministère de la Parole. Une telle procédure a non seulement préservé l'unité au sein de l'Eglise, mais a gardé « la priorité de la prédication et de l'enseignement, qui exigent beaucoup de prière[26] ». Dans cette perspective, l'idée de prière pourrait aussi se référer à la prière avec et pour les croyants malades.

La croissance de la Parole peut être comprise avant tout comme une référence à la croissance numérique des personnes qui ont accepté Jésus comme Messie et Sauveur. Cependant, il ne faut pas exclure que cette croissance ait eu lieu au sein de la congrégation, en ce sens que les croyants continuaient à être transformés par la présence de l'Esprit saint pendant qu'ils écoutaient et obéissaient aux enseignements des apôtres[27].

Dans le livre des Actes des apôtres, on observe aussi que « le ministère des apôtres est parallèle au ministère de Jésus[28] ». En fait, le ministère pastoral des apôtres est une extension du ministère de Jésus. Grâce à la puissance du Saint-Esprit, ils agissaient à la ressemblance de Jésus, en prêchant (Ac 2-3), en enseignant (15.35, 20.20), en guérissant et en chassant les démons (3.1-10 ; 5.16 ; 8.7 ; 9.32-35,36-43 ; 16.16-24, etc).

Le ministère apostolique et pastoral de Paul

Dans le livre des Actes des apôtres, Luc n'évoque pas seulement le ministère de Pierre (ch. 1-6 ; 10-12) mais aussi celui de Paul (ch. 9.13-28). La plupart de ces passages sont écrits comme des récits historiques décrivant de manière

---

[26] Eckhard Schnabel, *Acts*, Grand Rapids, Zondervan, 2012, [E-book] § 9157. Cet auteur souligne que la phrase grecque qui apparaît dans Actes 6.2 (*ouk arestón estin*) qui se traduit par « n'est pas juste » ou « n'est pas approprié » pourrait être comprise comme « ne convient pas aux douze ». Cependant, considérant la description de la mission donnée par Jésus en 1.8,21-22, elle pourrait plus probablement se référer à « Dieu ». Pour sa part, Ellen White commente : « Le Saint-Esprit a suggéré une méthode par laquelle les apôtres pourraient être soulagés de la tâche de pourvoir aux besoins des pauvres, et de tâches similaires, afin qu'ils puissent être laissés libres de prêcher Christ » (*The Story of Redemption*, Hagerstown, Review and Herald, 1947, p. 259).
[27] Eckhard Schnabel, § 9363.
[28] *Ibid.*, § 30903.

paradigmatique la vie et le ministère de l'Eglise primitive dirigée par les apôtres. Schnabel suggère que la meilleure façon d'aborder ces passages est de les considérer non seulement comme des récits avec des principes et des règles, mais aussi comme des paradigmes[29].

L'apostolat de Paul doit être étudié avec soin car il semble introduire une nouvelle portée biblique sur la fonction pastorale. D'une part, il y a un large consensus sur l'idée que la position des douze apôtres et de Paul était similaire. Ils remplissaient un rôle fondateur pour toute l'Eglise (Ep 2.20-22) et en ce sens, leur fonction était limitée à la période de l'Eglise primitive. Dans le même ordre d'idées, Raoul Dederen conclut au sujet de l'apostolat des douze et de Paul : « Concernant la fondation de l'Eglise, ils n'ont pas de successeurs[30] ». Par conséquent, d'un point de vue biblique, il n'est pas possible de parler de la succession de l'office apostolique après les Douze.

Cependant, Norskov Olsen semble avoir raison quand il dit que la « succession apostolique ne se trouve pas dans l'établissement d'un office, d'un ordre ou d'une position apostolique, mais fonctionnellement dans la proclamation, comme ambassadeurs du Christ, de l'Evangile[31] ». Puis il ajoute :

> « L'essence des diverses fonctions et offices ou ordres du ministère ecclésial, tel qu'il s'est développé à l'époque du Nouveau Testament, est enracinée dans l'apostolat des Douze. Les différents ministères que Paul mentionne dans sa liste de dons spirituels ont été, dans une large mesure, accordés aux Douze. En ce sens, et seulement en ce sens, pouvons-nous parler, comme les Pères protestants l'ont fait, de succession apostolique et d'apostolicité[32] ».

En même temps, Olsen considère que Paul représente un apôtre ou une figure de transition.

> « Dans un sens, Paul appartenait aux Douze, bien qu'il fût "le moindre des apôtres" (1Co 15.8-11), et dans un autre groupe plus large qui inclut Barnabas, Andronicus, Junia, Silvanus, Timothée, Apollos et Epaphrodite. Directement et indirectement, on se réfère à eux comme des apôtres et des représentants de l'Eglise (voir Ac 13.2-3 ; 14.14 ; Ga 2.9 ; Rm 16.7 ; 1Co 4.6,9 ; 1Th 1.1 ; Ph 1.1 ; 2.25)[33] ».

Dans cette seconde perspective, le ministère apostolique peut être considéré comme un point de référence ou un paradigme pour le ministère pastoral. Le ministère apostolique a abouti dans une nouvelle communauté locale de

---

[29] Ibid., § 30956-30964.
[30] Raoul Dederen, « Church », in George Reid (éd.), *Tratado de teología adventista del séptimo día*, Buenos Aires, Asociación Casa Editora Sudamericana, 2009, p. 553.
[31] Norskov Olsen, *Myth and truth. Church, priesthood and ordination*, Loma Linda, Loma Linda University Press, 1990, p. 70.
[32] Ibid., p. 70-71.
[33] Ibid.

croyants ; et cette communauté locale, en tant que partie du corps du Christ, doit aussi développer un ministère apostolique[34]. En d'autres termes, le ministère pastoral apostolique a produit des Eglises apostoliques. Ainsi, dès ses débuts, l'Eglise a été une communauté témoignante et missionnaire, et ses activités et son ministère doivent nécessairement être évalués dans la perspective de l'évangélisation. Les apôtres étaient appelés « nos frères », « apôtres des Eglises, la gloire du Christ » (2Co 8.23)[35].

Ellen White semble partager cette perspective parce qu'elle considère le ministère apostolique en général, et celui de Paul en particulier, comme un paradigme pour le ministère pastoral adventiste. C'est particulièrement évident dans son ouvrage intitulé *Les Actes des apôtres*, publié en 1911, vers la fin de son ministère. Dans cet écrit, il est possible de distinguer sa conception de l'Eglise et sa philosophie du ministère pastoral adventiste qui a comme principal point de référence la vie et le ministère de Paul.

Dans une déclaration qui lie clairement le ministère pastoral adventiste à l'apostolat, elle met en évidence :

> « La conversion des pécheurs et leur sanctification par la vérité constituent la preuve la plus évidente qu'un serviteur de Dieu a été appelé au ministère. La vocation à l'apostolat est écrite dans le cœur des convertis ; elle est manifestée par leur vie, devenue nouvelle. Le Christ est en eux "l'espérance de la gloire". Ainsi affermi dans sa tâche, le prédicateur de l'Evangile est fortement vivifié[36] ».

Plus tard, elle présente l'expérience ministérielle de Paul comme référence pour le ministère pastoral adventiste :

> « Ce dont l'Eglise a besoin, à notre époque troublée, c'est d'une armée d'ouvriers évangéliques, formés pour le service comme le fut Paul, d'ouvriers ayant une expérience profonde des choses de Dieu, et travaillant avec zèle et ardeur. Il faut des hommes sanctifiés et prêts aux sacrifices, des hommes qui ne reculent ni devant l'épreuve, ni devant la responsabilité ; des hommes intrépides et sincères dans le cœur desquels le Christ est "l'espérance de la gloire", dont les lèvres ont été touchées par le "charbon ardent" et qui "prêchent la Parole"[37] ».

Dans un autre de ses écrits, elle souligne que les pasteurs adventistes devraient suivre l'exemple de Paul en investissant du temps dans la préparation des futurs ministres de l'Evangile :

> « Paul fit de cette éducation de la jeunesse une partie de son ministère. Il prit des jeunes gens avec lui dans ses voyages missionnaires, et ainsi ils acquirent

---

[34] Thomas Walter Manson, *The Church's Ministry*, Philadelphia, Westminster Press, 1948, p. 58.
[35] Norskov Olsen, *Myth and truth. Church*, p. 73.
[36] Ellen White, *Conquérants pacifiques*, Dammarie-lès-Lys, Signes des Temps, 1959 [1911], p. 291. Italiques ajoutés.
[37] *Ibid.*, p. 452.

une expérience qui leur permit plus tard d'occuper des postes importants. Quand ils étaient séparés de lui, il se tenait encore en liaison avec eux et les lettres à Timothée et à Tite prouvent combien il désirait les voir réussir. "Ce que tu as entendu, écrit-il, confie-le à des hommes fidèles, qui soient capables de l'enseigner aussi à d'autres" (2Tm 2.2). Ce trait de l'œuvre de Paul donne une importante leçon aux prédicateurs d'aujourd'hui. Les aînés accomplissent une noble tâche lorsque, au lieu d'essayer de porter tous les fardeaux eux-mêmes, ils apprennent à d'autres à les porter avec eux. C'est le désir de Dieu que ceux qui ont acquis de l'expérience entraînent les jeunes à servir dans sa cause[38] ».

Ce paradigme ministériel apostolique promu par les écrits d'Ellen White a été soutenu par les dirigeants de l'Eglise de son temps. Arthur Daniells, président de la Conférence générale de l'époque, a été un ardent promoteur de ce paradigme ministériel apostolique. Dans une déclaration résumant sa position, Daniells a affirmé :

« Dans le Nouveau Testament, nous trouvons que Jésus a aboli la prêtrise. Par sa mort, il a mis fin à l'ancienne alliance sacerdotale ; mais il a anticipé ce fait dès avant sa mort, en établissant le ministère par la sélection des apôtres. Il a choisi et consacré les premiers ministres d'une nouvelle dispensation. [...] Depuis lors, des hommes ont été choisis par Dieu pour succéder aux apôtres afin de représenter son Eglise, et pour avoir la charge du travail de promulgation de l'Evangile du royaume de Dieu dans ce monde[39] ».

Dans une étude récente sur le développement historique de la compréhension du ministère pastoral adventiste de 1844 à 1915, Wellington Barbosa résume la position dominante de l'Eglise pendant les années où l'adventisme est passé d'un petit mouvement local à une Eglise mondiale. Pendant cette période, on croyait que :

« En termes généraux, les pasteurs devaient adopter un modèle apostolique pour le travail pastoral en implantant des églises, en enseignant les questions spirituelles aux membres d'Eglise, en développant des plans missionnaires et en maintenant une ligne de supervision qui servirait les assemblées. Quant aux anciens d'Eglise, ils étaient considérés comme des pasteurs locaux, des représentants de l'Eglise et des responsables de l'action missionnaire de la communauté locale[40] ».

Toutes ces idées permettent d'être d'accord avec Russell Burrill, lorsqu'il se réfère au modèle pastoral développé par les pionniers :

« Apparemment, l'organisation de l'Eglise adventiste en tant que mouvement laïc sans pasteurs sédentaires n'était pas un accident ou un arrangement

---

[38] Ellen White, *Le ministère évangélique*, p. 97.
[39] Arthur Daniells, *The Church and ministry*, Silver Spring, General Conference Ministerial Association, sans date, p. 21.
[40] Wellington Vedovello Barbosa, *O papel do ministro et do ancião no cumprimento da missão adventista: 1884-1915*, Master's thesis in biblical theology, SALT-UNASP, 2015.

temporaire en raison de la taille de l'Eglise, mais une tentative théologique délibérée de revenir à une ecclésiologie missionnelle néo-testamentaire[41] ».

Il est intéressant de noter les similitudes que l'on peut établir entre le paradigme pastoral des apôtres commencé avec Paul et le modèle pastoral progressivement développé par les pionniers adventistes, à partir des orientations d'Ellen White. Le tableau suivant présente des parallèles intéressants[42] :

Droits et fonctions du paradigme pastoral apostolique de Paul	Droits et fonctions ministériels au début de l'Eglise adventiste
Appel lancé directement par Dieu et confirmé par l'Eglise (Ac 9.15)	Appel lancé directement par Dieu et confirmé par l'Eglise
L'apostolat est soutenu par l'Eglise (1Co 9.14)	Le ministère pastoral est soutenu par l'Eglise
Le ministère de la Parole comme responsabilité principale (2Tm 4.1-5)	Le ministère de la Parole comme responsabilité principale
Ministère itinérant (Rm 15.19)	Ministère itinérant
Evangélisation et implantation d'églises (Rm 15.20)	Evangélisation et implantation d'églises
L'apôtre comme première autorité ecclésiastique (1Co 4.1-2)	Le pasteur comme première autorité ecclésiastique
La direction pastorale locale est habilitée et les membres de l'Eglise locale sont équipés pour l'accomplissement de la mission par la mise en œuvre de leurs dons spirituels (Ac 20.17-31 ; Ep 4.11-12)	La direction pastorale locale est habilitée et les membres de l'Eglise locale sont équipés pour l'accomplissement de la mission par la mise en œuvre de leurs dons spirituels

---

[41] Russell Burrill, *Recovering an Adventist approach to the life and mission of the local Church*, Fallbrook, Hart Books, 1998, p. 153.
[42] Ce tableau résume certaines des conclusions présentées par Rubén Soto, *Una estructuración sugerente de los roles sacerdotales a lo largo de la Biblia y una propuesta sobre las raíces bíblicas de los ministerios pastorales en la iglesia*, Tesis de Licenciatura en Teología, UNACH, 2012, p. 161-195.

Le ministère de Paul est bien entendu aussi considéré par certains, au-delà de l'adventisme, comme le paradigme de la fonction pastorale. James Thompson, qui pense que « Paul fournit une vision pastorale cohérente qui peut être la base d'une théologie pastorale contemporaine[43] », reconnaît qu'il y a d'autres passages bibliques qui peuvent servir de guide pour l'établissement d'une théologie pastorale. Mais en même temps, il souligne que les épîtres pauliniennes ont une valeur particulière parce qu'elles traduisent une compréhension claire du but ultime du ministère pastoral. Il explique :

> « Le cœur de la pensée de Paul est une théologie de la transformation, qui établit la base de la théologie pastorale de Paul. Une compréhension très cohérente du ministère émerge dans toutes ses lettres, nous permettant de le définir en termes précis : *le ministère est la participation à l'œuvre divine de transformation de la communauté de foi jusqu'à ce qu'elle soit "irréprochable" lors de la venue du Christ*. La communauté est une entité inachevée. L'ambition pastorale de Paul, comme il l'affirme constamment dans ses lettres, est la formation communautaire. [...] C'est participer avec Dieu à la transformation de ses communautés[44] ».

Plus tard, dans ce qui semble être l'une des dernières étapes du développement du ministère pastoral dans le Nouveau Testament, Paul ordonne à Timothée (1Tm 3.1-7) et à Tite (1.5-9) de nommer des évêques/anciens dans les Eglises déjà établies, comme résultat du travail pastoral apostolique. Ceux qui sont désignés pour ce travail pastoral dans l'Eglise locale devraient être des hommes au caractère ferme et au témoignage chrétien cohérent. Ces leaders devraient d'abord présider convenablement leur propre famille afin d'avoir la possibilité de diriger une communauté plus large, la famille de Dieu (l'Eglise). Il est intéressant de constater que dans la liste des qualités de caractère, il y a une compétence essentielle qui se détache : il faut qu'ils soient « capables d'enseigner [la Parole] » (1Tm 3.2 ; cf. Tt 1.9).

En ce sens, il semble qu'une étape cruciale soit franchie par l'établissement d'un paradigme pastoral partagé entre les apôtres et les anciens/évêques. Ce modèle pastoral offrait un équilibre important entre le travail pastoral de l'avant-poste dirigé par les apôtres (qui étaient des évangélistes itinérants) et le travail pastoral de préservation et de soin des membres de l'Eglise qui était absolument nécessaire au développement d'une communauté mature dirigée par les

---

[43] James Thompson, *Pastoral ministry according to Paul. A biblical vision*, Grand Rapids, Baker Academic, 2006, [E-book] § 89.
[44] *Ibid.*, § 204, 213, 2655. Italiques dans l'original. Selon cet auteur, la théologie pastorale paulinienne remet en question l'accent actuel sur l'individu et met l'accent sur le développement de la communauté.

anciens/évêques. Ces deux types de leaders – les apôtres et les anciens locaux – travaillaient en équipe (Ac 15.4,22 ; 20.17-38).

Pendant son ministère prophétique, Ellen White a promu et soutenu ce paradigme ministériel pour la communauté des croyants avec une orientation missionnaire claire. Une telle perspective de sa part a gagné en force à mesure qu'elle s'approchait de la fin de son ministère. En 1869, concernant les avantages d'un ministère itinérant et les dangers des ministres passant la plupart de leur temps à gérer les affaires de l'Eglise locale, elle déclara :

> « Il arrive souvent que les pasteurs soient enclins à se rendre presque entièrement dans les Eglises, consacrant leur temps et leur force là où leur travail ne leur sera d'aucune utilité. Souvent, les Eglises sont en avance sur les pasteurs qui travaillent parmi elles, *et seraient dans une condition plus prospère si ces pasteurs se tenaient à l'écart de leur chemin et leur donnaient l'occasion de travailler.* L'effort de ces pasteurs pour édifier les Eglises ne fait que les démolir... *S'ils quittaient les Eglises, allaient dans de nouveaux champs, et travaillaient pour implanter de nouvelles Eglises, ils comprendraient leur capacité et ce qu'il en coûte pour amener les âmes à prendre leur position pour la vérité.* Et ils se rendraient alors compte à quel point ils devraient veiller à ce que leur exemple et leur influence ne découragent ou n'affaiblissent jamais ceux qu'il a fallu tant de travail et de prière pour convertir à la vérité[45] ».

En 1900, elle répète son avertissement avec ces mots :

> « Au lieu de maintenir les prédicateurs en poste dans des Eglises qui connaissent déjà la vérité, les membres de ces communautés devraient leur dire : "Allez travailler pour les âmes qui périssent dans les ténèbres ; nous nous chargerons nous-mêmes d'assurer les services religieux de l'Eglise. Nous continuerons à tenir des réunions et, en nous appuyant sur le Christ, nous maintiendrons la vie spirituelle. Nous travaillerons pour les âmes qui nous entourent, et nous prierons et enverrons des dons pour soutenir les pasteurs qui travaillent dans des champs plus nécessiteux et plus démunis que le nôtre"[46] ».

En 1902, dans le contexte de la réorganisation de l'Eglise, elle écrivit plusieurs déclarations soulignant la nécessité pour les ministres de maintenir l'orientation évangélique et l'éducation des membres de l'Église pour effectuer le travail missionnaire. Elle a affirmé :

> « Une localité après l'autre doit être visitée, une Eglise après l'autre doit être fondée. Qu'on organise en communautés ceux qui prennent position pour la vérité. Ensuite, le prédicateur se rendra dans d'autres champs de travail également importants. Dès qu'une Eglise est organisée, que le prédicateur mette les membres à l'œuvre ; qu'il leur apprenne à s'acquitter de cette tâche avec succès. La puissance de l'Evangile doit reposer sur les groupes

---

[45] Ellen White, *Testimonies for the Church*, Mountain View, Pacific Press, 1871, vol. 2, p. 340. Italiques ajoutés.
[46] Ellen White, *Evangéliser*, Dammarie-lès-Lys, Vie et Santé, 2000 [1946], p. 344.

nouvellement fondés et les qualifier pour le service du Seigneur. Certains nouveaux convertis seront animés de la force de Dieu et se mettront immédiatement à l'œuvre. Ils le feront avec un tel sérieux qu'ils n'auront ni le temps ni l'envie de décourager leurs frères par des critiques malveillantes. Leur unique désir sera de faire connaître la vérité autour d'eux[47] ».

Plus tard, en 1909, elle réitéra sa vision :

« Il est du devoir de ceux qui sont leaders et enseignants d'instruire les membres d'Eglise comment travailler dans une perspective missionnaire, et de mettre en œuvre la grande œuvre de proclamer largement le message qui doit éveiller toute ville non évangélisée avant que la crise ne vienne et que, grâce au travail des agences sataniques, les portes maintenant ouvertes au message du troisième ange se ferment. [...] Les justes jugements de Dieu, avec leur poids en tant que décision finale, viennent sur la terre. *Ne restez pas dans les Eglises à répéter encore et encore les mêmes vérités aux croyants, tandis que dans les villes nombreux sont ceux qui sont laissés dans l'ignorance et le péché, sans avertissement et sans attention.* Bientôt le chemin sera balisé et ces villes seront fermées au message évangélique. Réveillez les membres d'Eglise, afin qu'ils s'unissent pour faire un travail clairement défini et pour se décentrer d'eux-mêmes[48] ».

Conclusion

Le concept de leadership pastoral dans le Nouveau Testament atteint son apogée avec l'incarnation du Fils de Dieu. Jésus est le berger messianique et le pasteur idéal qui prend pleinement soin de son troupeau, et qui a été promis par les prophètes de l'Ancien Testament. Jésus est décrit comme le bon pasteur qui se sacrifie pour ses brebis. En même temps, il est intéressé à atteindre les brebis qui ne font pas encore partie de son troupeau. Jésus délègue la fonction pastorale à ses apôtres qui deviendront ses représentants. Les apôtres apparaissent comme modèles pour le ministère pastoral. Suivant l'exemple de leur Maître, ils donnent la priorité au ministère de la prière et de la Parole. Cette orientation missionnaire claire a eu pour résultat la croissance exponentielle de l'Église. Avec le ministère de Paul, un paradigme ministériel centré sur l'accomplissement de la mission mondiale a été renforcé. Plus tard, les pionniers du mouvement adventiste, dans la ligne des directives d'Ellen White, ont développé un modèle pastoral suivant l'exemple paulinien. Ce point de vue sur le ministère est devenu un facteur influent au sein de l'adventisme qui, de petit mouvement qu'il était, est devenu une Eglise mondiale en quelques décennies. Aujourd'hui, l'un de nos besoins les plus urgents est de retrouver ce paradigme biblique du ministère pastoral.

---

[47] *Ibid.*, p. 319-320.
[48] Ellen White, *Manuscript 61* (September 17, 1909). Italiques ajoutés.

Le dilemme du pasteur dans une société postmoderne. Une réflexion biblique

Rudy Van Moere[1]

Après un millénaire de changements graduels dans le monde occidental, nous avons traversé une période de transformation rapide au cours des deux cents dernières années. Du romantisme en passant par le modernisme, nous nous trouvons maintenant dans une société postmoderne. Bien que nous ne nous soyons pas encore remis du choc initial que cela a créé dans les années 1980 et au début des années 1990, nous nous trouvons maintenant au seuil de ce qui est au-delà du postmodernisme. Faut-il parler de *méta-modernisme*, de *pseudo-modernisme*, de *post-postmodernisme* ou de *néo-modernisme*[2] ? N'étant pas un expert dans ce domaine de recherche et appartenant à une génération moderniste de 1968, je ne ferai que quelques observations qui ne découlent pas d'une étude approfondie de ce phénomène, puis j'ajouterai quelques impressions personnelles.

La Bible, les chrétiens et leurs pasteurs dans une société sécularisée et postmoderne

Selon l'anthropologue culturel Joost Tennekes, une proportion croissante de la société se retire de la sphère d'influence des représentations et des argumentations religieuses et du pouvoir ou de la lutte pour le pouvoir des

---

[1] Rudy Van Moere, docteur en théologie et spécialiste de l'Ancien Testament, a été professeur de théologie dans diverses facultés en Australie et en Belgique. Retraité, il est actuellement responsable de l'Association pastorale de la Fédération belgo-luxembourgeoise des Églises adventistes du 7e jour. Cet article, tiré de sa conférence présentée à Collonges lors de la rencontre européenne des théologiens adventistes en avril 2019, écrit en anglais, a été traduit par Marcel Ladislas.

[2] C'est-à-dire un retour à des concepts traditionnels, à des prémisses théoriques et des pratiques d'auteur.

institutions religieuses et des groupements religieux[3]. Pourrait-on dire qu'un certain nombre de chrétiens se sentent aliénés au sein de la société postmoderne ? Souffrent-ils de pertes ? La réponse nous semble affirmative, comme nous le montrent les points suivants :

- ✓ les nombreux bancs vides dans des églises presque vides ;
- ✓ le déclin du nombre de pratiquants dans les églises confessantes ;
- ✓ le nombre de vocations religieuses qui diminue considérablement ;
- ✓ la réduction de l'offre d'émissions radiophoniques et télévisuelles chrétiennes ;
- ✓ la sporadicité des reportages religieux dans les journaux et les revues ;
- ✓ et la disparition croissante de l'adjectif « chrétien » par de nombreuses organisations.

La question se pose donc de savoir dans quelle mesure la Bible, le message chrétien et les pasteurs ont un impact sur la société dans son ensemble et sur les individus en particulier. Le fait qu'ils n'ont pratiquement pas voix au chapitre lorsqu'il s'agit de questions éthiques comme l'avortement, l'euthanasie, le mariage gay et lesbien, le clonage et les aliments génétiquement modifiés, est-il symptomatique de la diminution de l'impact du christianisme ? A une époque où le christianisme était encore à la mode, les chrétiens et leurs ministres du culte se référaient à Dieu comme à un être suprême qui décide de « là-haut ». Dans la vision biblique du monde, Dieu avait sa place dans les cieux[4]. Outre la vie sur terre et la présence du Shéol, le ciel représentait le troisième domaine où les vraies décisions étaient prises. Depuis Copernic et Galilée, de nombreux changements se sont produits. Il est devenu un Dieu de « l'au-delà », au-delà du système solaire[5]. Soudain, il parut beaucoup plus distant et donna l'impression qu'il avait beaucoup moins d'emprise sur les gens qui devenaient indépendants de Dieu.

Quand Isaac Newton, en tant que théologien et physicien, s'est avéré capable d'expliquer un certain nombre de miracles de la Bible, et que Charles Darwin a présenté sa théorie de l'évolution, l'homme a vu son rôle augmenter au

---

[3] Joost Tennekes, *De onbekende dimensie. Over cultuur, cultuurverschillen en macht*, Leuven, Garant, 1992, p. 72 [La dimension inconnue. Sur la culture, les différences culturelles et le pouvoir].
[4] Othmar Keel, *The symbolism of the biblical world. Ancient Near Eastern iconography and the book of Psalms*, Winona Lake, Eisenbrauns, 1997, (éd. néerlandaise : *De Wereld van de oud-oosterse beeldsymboliek en het Oude Testament*, Kok, Kampen 1984, p. 29-39).
[5] Pieter Van der Hoeven, *Galilei*, Baarn, Het Wereldvenster, 1966, p. 105-138.

détriment du Dieu des livres de la Genèse ou de l'Exode[6]. Ce dernier est tombé de plus en plus dans le discrédit et ses défenseurs religieux voyaient s'effondrer leur autorité et leur réputation.

Après qu'Einstein eut démontré, à l'aide de sa théorie de la relativité, un univers en expansion avec d'innombrables systèmes solaires, l'évêque anglican John A. T. Robinson, dans les années soixante, a avancé l'idée que le temps était venu de proclamer la « mort de Dieu ». Avec ses livres, *Honest to God* [Honnête envers Dieu], et *But that I can't Believe !* [Mais cela je ne peux y croire !], entre autres, il en avait fini avec la croyance chrétienne traditionnelle et il a fait un appel pour changer complètement de cap. En déclarant cela, il a presque abandonné les croyances chrétiennes traditionnelles[7]. Et bien que l'évêque presbytérien Leslie Newbigin ait admis que, pour l'homme sécularisé, la foi en Dieu ne faisait plus partie de sa substance spirituelle[8], quelque 40 ans plus tard, un autre évêque épiscopalien, John Shelby Spong, a fait la déclaration passionnée *Why Christianity must Change or Die ?*[9] [Pourquoi le christianisme doit changer ou périr ?]. D'autres, comme le professeur de théologie et de philosophie catholique romaine Thierry-Dominique Humbrecht, ont fait des conférences sur des sujets comme « La fin de la chrétienté » et le théologien et didacticien catholique allemand Hubertus Halbfas quant à lui a écrit un livre *Glaubensverlust : Warum sich das Christentum neu erfinden muss ?*[10] [La perte de la foi : pourquoi le christianisme devrait se réinventer ?]. Dans le documentaire néerlandais « La dernière Cène », trois communications d'étudiants[11] ont esquissé en 2011 un sombre avenir pour l'Eglise des Pays-Bas. Selon eux, leur pays semble être le leader mondial en matière de sécularisation. Ce pays serait le lieu même de « l'expérience de l'anéantissement du christianisme ». Bien sûr, ce n'est qu'une caricature mais tout de même... En plus de tout cela, le choc de la catastrophe d'Auschwitz du siècle dernier et le drame pas tout à fait équivalent du 11 septembre ont contribué à un affaissement de la foi en Dieu. On pourrait aussi mentionner les

---

[6] Alan Richardson, *The Bible in the age of science. The Cadbury Lectures in the University of Birmingham*, London, The Westminster Press, 1961 (éd. néerlandaise : *Bijbel en moderne wetenschap*, Utrecht, Spectrum, 1966, p. 39-43).

[7] John A.T. Robinson, *Honest to God*, Louisville, Westminster John Knox Press, 1963 (éd. française : *Dieu sans Dieu*, Paris, Nouvelles Editions Latines, 2008) ; *But that I can't Believe !*, Fontana, Harper Collins, 1967 (éd. française : *Ce que je ne crois pas*, Paris, Grasset, 1968).

[8] Lesslie Newbigin, *Honest Religion for Secular Man*, London, SCM Press, 1966 (éd. néerlandaise: *Godsdienst in een geseculariseerde wereld*, Spectrum, Utrecht 1968, p. 82).

[9] John Shelby Spong, *Why Christianity must Change or Die ?*, San Francisco, Harper One, 1998 avec en sous-titre : *A Bishop Speaks to Believers in Exile*.

[10] Hubertus Halbfas, *Glaubensverlust : Warum sich das Christentum neu erfinden muss ?*, Ostfildern, Patmos Verlag, 2011.

[11] Robert-Jan Zwart, *Thijs Driessen en Esther Raaijmakers*, 2011.

scandales sexuels impliquant des enfants qui ont secoué l'Eglise, l'Eglise romaine en particulier, ces derniers temps. Cela n'aide pas du tout ! Depuis lors, bon nombre de chrétiens se demandent en effet s'il y a encore un Dieu. Il y a même eu des catastrophes naturelles comme le tsunami de l'Océan Indien qui a tué des milliers de personnes et touché de nombreux pays. Beaucoup ont perdu la foi en Dieu à l'époque.

Des questions légitimes se posent donc. Le christianisme a-t-il en effet commencé son agonie ? Les chrétiens acceptent-ils une société laïque qui essaie de les convaincre que tout ce que l'homme a accompli de nouveau dans le domaine de la science, de la philosophie et de la culture rend la Bible, le christianisme et leurs porte-paroles superflus ? Ou bien, y a-t-il pour eux un intérêt à lutter pour la conservation de leur propre identité et peuvent-ils encore contribuer à un christianisme renouvelé et revigoré basé sur la Bible judéo-chrétienne en tirant quelques leçons de son histoire afin de générer de nouvelles impulsions ?

Bien sûr, on peut diagnostiquer le syndrome, chercher une explication, mais de toute façon, il semble essentiel de chercher tous remèdes ou toutes thérapies possibles. De toute évidence, la sécularisation est un phénomène social mondial et un processus inévitable avec ses pouvoirs positifs et négatifs. Les solutions faciles ne vont pas de soi.

Dans notre société, les religions orientales, le Nouvel Age et les visions d'un nouvel ordre mondial prennent racine et influencent nos pensées et nos connaissances. Cependant, la conscience devrait grandir que nous pouvons certainement tenir bon en nous appuyant sur la Bible et la philosophie chrétienne de la vie. Les représentants pastoraux devraient jouer un rôle important dans ce sens. Après tout, le christianisme a duré plus de 2000 ans et il a survécu à toutes sortes de circonstances et d'influences. Le christianisme peut encore attirer. Jusqu'à présent, la Bible témoigne d'une profondeur sans précédent : d'un point de vue éthique, historique, philosophique et théologique. Mais se pourrait-il qu'un nombre croissant de chrétiens ne s'en rendent plus compte et n'aient plus aucune connaissance de leur riche patrimoine ?

Dans cette configuration socio-religieuse problématique, les pasteurs et les ministres du culte se trouvent en première ligne et en plein dilemme. En tant que modèles pour leurs communautés ecclésiastiques, devraient-ils faire preuve d'une résistance obstinée ou abandonner dans une attitude résignée ? Quel genre d'antidote peut les aider à sortir d'une attitude fataliste ? Peuvent-ils garder la tête au-dessus de la pression continue d'une société qui se concentre sur le plaisir de consommer, une autoroute numérique complexe, les médias de masse et bien d'autres éléments sécularisés ?

Les expériences de quelques figures bibliques de premier plan, dans des situations assez problématiques et à différentes époques, peuvent probablement fournir une base pour une réflexion et une discussion stimulantes sur le dilemme des pasteurs dans une société postmoderne et peut-être aussi au-delà.

Le prophète comme modèle à suivre

Le prophète Amos, un citoyen judéen, a été chargé par YHWH d'aller dans le royaume du nord, Israël. Cette nation était à cette époque dans une splendide situation de succès à presque tous les niveaux. Les deux empires mondiaux, l'Egypte et l'Assyrie, n'avaient montré aucune volonté d'expansion ou d'ingérence, ce qui a permis au roi d'Israël, Jéroboam II, d'élargir le territoire. Ses conquêtes ont amené d'importantes caravanes sur les routes commerciales à l'intérieur de son pays. Le commerce et les industries prospéraient, l'argent et les produits affluaient dans le pays. Jéroboam II a ajouté de l'éclat à cette position confortable par des constructions de palais et des renforts urbains. C'est devenu l'âge d'or d'Israël ! En un rien de temps, une euphorie générale prédominait avec l'idée qu'« aucun mal ne peut nous arriver », que « Dieu est avec nous » ! La progression, la paix et le bien-être donnaient l'impression qu'ils avaient une excellente relation avec leur Dieu YHWH. Du moins, c'est ce qu'ils ont déduit par erreur des bénédictions qui ont été énumérées dans le discours de Moïse dans Deutéronome 28.

Amos, lors de son apparition en Israël, a fait face à cette mentalité d'arrogance, d'orgueil et d'attitude défiante des puissants. Son affrontement avec Amaziah, le principal prêtre du temple national de Béthel, est exemplaire. Ce dernier lui interdit de proclamer la parole de YHWH dans ce qu'il appelait le sanctuaire royal. Il ordonna à Amos de partir et de faire son travail dans son pays natal, Juda. Amos a cependant répondu avec énergie qu'il n'était pas un prophète professionnel mais un berger et un cultivateur à qui YHWH a ordonné d'aller prophétiser à son peuple Israël (Amos 7.14-15).

Il réprimanda non seulement ce prêtre militant, représentant du clergé d'Israël qui transgressait les prescriptions de Moïse, mais aussi défenseur de la dynastie du roi Jéroboam II. L'influence royale sur les institutions religieuses et leurs cultes semblait être extrêmement forte et contraire au rôle assigné au roi par la Torah de Moïse. En plus du fait que dans chacun des principaux temples de Dan et de Béthel un veau taureau était adoré, les dieux araméens et assyriens étaient également honorés en Israël. Amos n'a cependant pas limité ses reproches sur l'échec d'Israël à servir son Dieu YHWH de la manière prescrite mais il a tourné ses flèches sur les pratiques des classes dirigeantes de la société.

En fait, les succès militaires de Jéroboam II et les services excessifs du temple cachaient des situations sociales pénibles. L'économie en expansion constante a été la cause immédiate du fait que les marchands, les grands propriétaires de terres et de bétail, les nobles et les officiers militaires sont devenus de plus en plus riches et puissants. Les bâtisses de leurs maisons et de leurs résidences de campagne, leurs meubles somptueux et leur vie de luxe l'ont prouvé de manière abondante. Les nombreuses occasions de gagner beaucoup d'argent se sont multipliées grâce à des poids et mesures falsifiés, à des taux d'intérêts exagérés, à des prix exhorbitants, à la distorsion des procédures judiciaires, à la promotion de l'esclavage pour dette, aux pots-de-vin lors de conflits judiciaires et aux extorsions. En outre, la violence a été utilisée contre des personnes vulnérables et des plus petits qui étaient exploités non seulement matériellement, mais aussi socialement, sexuellement et moralement ! Ils ont été foulés aux pieds et rétrogradés au statut de serfs. YHWH a refusé de continuer à rester les bras croisés et à regarder cela plus longtemps. Pour cette raison, il a appelé Amos afin d'exposer ces pratiques horribles. Amos s'est adressé aux classes dirigeantes dans un magnifique style littéraire en proclamant qu'il ne servait à rien d'adorer YHWH dans les sanctuaires d'Israël alors qu'ils continuaient à se comporter de manière injuste. Au nom de YHWH, il a crié :

> Cherchez-moi et vous vivrez.
>   Mais ne cherchez pas à Béthel,
> au Guilgal, n'entrez pas,
>   à Béer-Shéva, ne passez pas ;
> car le Guilgal sera entièrement déporté
>   et Béthel deviendra iniquité.
> Cherchez le SEIGNEUR et vous vivrez.
>   Prenez garde qu'il montre sa force, maison de Joseph,
> tel un feu qui dévore,
>   sans personne pour éteindre, à Béthel.
> Ils changent le droit en poison
>   et traînent la justice à terre. [...]
> Eh bien ! Puisque vous pressurez l'indigent,
>   lui saisissant sa part de grain,
> ces maisons en pierre de taille que vous avez bâties,
>   vous n'y résiderez pas ;
> ces vignes de délices que vous avez plantées,
>   vous n'en boirez pas le vin.
> Car je connais la multitude de vos révoltes
>   et l'énormité de vos péchés,
> oppresseurs du juste, extorqueurs de rançons ;
>   ils déboutent les pauvres au tribunal. [...]
> Cherchez le bien et non le mal, afin que vous viviez,

> et ainsi le SEIGNEUR, le Dieu des puissances
> sera avec vous, comme vous le dites.
> Haïssez le mal, aimez le bien,
> rétablissez le droit au tribunal :
> peut-être que le SEIGNEUR, le Dieu des puissances,
> aura pitié du reste de Joseph. (Am 5.4-7 ; 11-12 ; 14-15)

C'est un exemple du pathos de Dieu. Comme l'exprime Abraham Heschel, « la caractéristique fondamentale et la préoccupation première de la conscience du prophète sont l'attention et la préoccupation divines. Quel que soit le message qu'il s'approprie, il reflète cette conscience [...] que le prophète partage et qu'il essaie de transmettre. Et c'est le souci de Dieu pour l'homme qui est la racine de l'œuvre du prophète pour sauver le peuple[12] ».

Amos s'est tourné vers le passé, vers l'héritage d'Israël et a débattu publiquement en argumentant. Les pauvres étaient opprimés comme s'ils vivaient encore en Egypte ! YHWH s'est toutefois montré un modèle en tant que celui qui s'occupait des personnes démunies dans la société. Il s'inquiétait pour les veuves, les orphelins et les étrangers et prêtait attention aux affamés et aux assoiffés (Dt 10.12-20 ; Ps 107.8-9). Il escomptait et exigeait que les Israélites suivent son exemple et se comportent comme ses images.

Afin de concrétiser cet idéal, Moïse leur a donné, au nom de YHWH, des directives pratiques. Il a stipulé : « Tu ouvriras ta main toute grande à ton frère, au malheureux et au pauvre que tu as dans ton pays » et il l'a motivé comme suit : « Tu te souviendras qu'au pays d'Egypte tu étais esclave et que le Seigneur ton Dieu t'a racheté. C'est pourquoi je te donne ce commandement aujourd'hui » et il conclut : « Et le Seigneur ton Dieu te bénira dans tout ce que tu feras » (Dt 15.11,15,18).

Amos fut le premier prophète à exprimer sa théologie par écrit et, ce faisant, il inspira des générations ultérieures de prophètes. Son combat pour la *mishpat* et la *tsedaqa*, le droit et la droiture, a été adopté par des prophètes comme par exemple Jérémie et Ezéchiel. Dans d'autres circonstances et dans d'autres sociétés, ils sont montés au créneau pour les classes inférieures. Jérémie fit cela pendant que son peuple était à Jérusalem, assiégé par les Babyloniens. Il a également affirmé qu'ils ne devraient pas mettre leur espoir dans la présence du temple de YHWH. Dans une situation totalement différente, en compagnie des déportés de Babylone, Ezéchiel a souligné l'absolue nécessité d'un comportement éthique en harmonie avec les directives de Moïse.

---

[12] Abraham Joshua Heschel, *The Prophets*, Vol. II, New York, Harper and Row, 1962, p. 263.

Tout comme Amos, ils se sont référés avec une forte conviction à l'héritage d'Israël. Ils ont fait appel aux traditions mosaïques et ils les connaissaient bien. C'est d'elles qu'ils tiraient leur autorité. On ne peut qu'être d'accord avec le regretté théologien et philosophe français André Néher qui écrivait : « Il fallait une conviction certaine. Les prophètes puisaient cette certitude dans leur *connaissance*, dans la présence en eux d'une réalité absolue[13]. »

Selon Heschel, la catégorie ultime de la théologie prophétique est « l'engagement (dans le sens de la justice et de la compassion), l'attention et l'intérêt. Il ne doit pas être défini comme ce que l'homme fait de sa préoccupation ultime, mais plutôt comme ce que l'homme fait de la préoccupation de Dieu[14]. »

À cet égard et dans une société différente – une société sous occupation étrangère – Jésus a donné la démonstration incontestable de sa conviction inébranlable. Il a tenu bon pour ce qu'il estimait être de la plus haute importance : la pratique authentique de la Torah de Dieu avec un accent sur la vraie *tsedaqa* ou la justice véritable.

Faire face énergiquement au dilemme

Le postmodernisme prône que la vérité est relative et que, tout compte fait, tout est ouvert à l'interprétation et que cette interprétation mérite d'être considérée comme légitime. Pas étonnant que cette approche instille chez les chrétiens en général et les pasteurs en particulier des sentiments d'incertitude, de perte de confiance dans les Eglises institutionnelles et un manque de foi. Bien souvent, cela les laisse impuissants à « chercher des options divergentes ». Il leur reste l'idée que le christianisme (sa doctrine) ne fournit plus les réponses ultimes que les gens recherchent. Le postmodernisme les pousse à se sentir exilés dans une société qui était la leur et dans laquelle les Eglises se sont avérées non pertinentes à répondre aux aspirations et aux besoins humains et en décalage avec la pensée actuelle. Par conséquent, les gens se sentent aliénés, en danger et désespérés à la recherche d'un nouveau terrain solide sur lequel ils peuvent reconstruire leur foi. Tout cela rend la tâche et le rôle des pasteurs extrêmement difficiles et parfois même gênants. Comment peuvent-ils soulager les sentiments des gens et répondre à leurs besoins, alors qu'ils sont eux-mêmes soumis à la situation décrite ?

---

[13] André Néher, *L'essence du prophétisme*, Paris, Calmann-Lévy, 1983, p. 100.
[14] Abraham Joshua Heschel, *op. cit.*, p. 264.

Bien sûr, les chrétiens et leurs pasteurs pourraient blâmer le postmodernisme d'être une culture du relativisme et essayer de se convaincre ou même espérer qu'à la fin, tout relativisme s'annulera de lui-même. Ils pourraient même imaginer que le postmodernisme, en tentant de rejeter les grands récits traditionnels, finira par déconstruire toutes les étapes précédentes de l'humanité et finira par devenir insignifiant. Permettez-moi de citer le philosophe, écrivain et chercheur en sciences cognitives américain Daniel Dennett :

> « En fait, les membres de notre société ne sont pas relativistes lorsqu'il s'agit de questions de science, d'ingénierie et de technologie. Ils sont plutôt relativistes et pluralistes en matière de religion et d'éthique. Mais lorsqu'ils développeront une communication efficace des convictions religieuses, ils arriveront finalement à la conclusion qu'en postmodernisme, qui prétend qu'il n'y a pas de vérités, les interprétations seules se joueront largement dans l'absurdité. »

Pour les chrétiens et leurs pasteurs, plutôt que de déplorer ce malaise postmoderne embarrassant, il serait plus utile de trouver des moyens de générer une renaissance et une revitalisation de leurs convictions religieuses sans simplement répéter ou renouveler les croyances traditionnelles. Mais cela ne suffira absolument pas. Il faudra beaucoup plus.

Un défi pour tout pasteur

Pour éviter de perdre définitivement leur identité et de se laisser engloutir par la société postmoderne, les chrétiens et leurs pasteurs doivent se souvenir des leçons bibliques du passé. Le Ba'al Shem Tov, le fondateur du Hassidisme, n'enseignait-il pas : « L'oubli conduit à l'exil alors que le souvenir est le secret de la rédemption ». La mémoire doit fonctionner, avec un rôle similaire à celui qu'elle a dans la Bible, à savoir comme une force positive. Etre pasteur principalement en s'accrochant à une culture chrétienne ou à sa communauté ecclésiale ne représente pas une raison suffisante. Il importe de ne jamais oublier ses propres racines, ce qui exige des pasteurs qu'ils remontent aux sources du christianisme, à ses fondements initiaux, aux Ecritures originales. Un tel effort est-il un remède précieux ou trop simpliste pour les chrétiens et leurs pasteurs qui se sentent poussés à l'exil ?

Les quatre prophètes, Amos, Jérémie, Ezéchiel et Jésus, ont fait preuve d'une forte conviction nourrie par leur connaissance des textes fondamentaux du patrimoine d'Israël. En tant que personnalités publiques, ils en ont tiré leurs arguments critiques prophétiques et ont persévéré au front pour ceux qui avaient besoin de YHWH. Résolus, ils s'opposèrent aux conceptions en vigueur sur Dieu, l'homme et les sociétés de leur temps et devinrent des modèles pour leurs contemporains et les générations futures. Ils sont restés à l'écoute du pathos de Dieu et l'ont partagé sans retenue avec leurs contemporains.

Amos, le berger et commerçant ; Jérémie, le prêtre non autorisé ; Ezéchiel, le prêtre autorisé et Jésus, le rabbi ex-charpentier, étaient en effet des personnalités publiques. Non seulement à cause de leur profession, mais surtout parce qu'ils parlaient ouvertement, en société. Non seulement ils ont partagé leurs points de vue, mais ils se sont donnés entièrement, avec passion, dans leur rôle de médiateurs entre Dieu et son peuple.

Les pasteurs qui se considèrent comme les serviteurs de Dieu doivent donc d'abord et avant tout s'ouvrir au public. Beaucoup d'entre eux ne considèrent plus leur ministère pastoral comme tel. Peut-être parce qu'ils ont été influencés et même induits en erreur par la société postmoderne. Selon la taille de leur congrégation, ils pensent qu'ils devraient plutôt être organisateurs, administrateurs et conseillers.

Ces quatre grands hommes ont su contextualiser la Parole de Dieu et aider les gens à penser théologiquement. En d'autres termes, leur apprendre à regarder leur société et tous les aspects de leur propre vie avec les yeux et le cœur de Dieu. Ce que ces personnalités publiques avaient en commun, cependant, c'était leur participation au pathos de Dieu, ou, dit autrement, son amour pour l'homme, son sens de la justice et sa volonté de pardonner. En d'autres termes, Dieu « se préoccupe de la situation éthique, politique et religieuse de son peuple », comme le dit Heschel[15].

Cela ne devrait-il pas être le but d'un pasteur ? Tout leader ecclésial, homme ou femme, devrait aujourd'hui assumer un rôle de théologien pasteur. Un tel pasteur ne devrait-il pas exposer la société aux membres de son Eglise à la lumière de la Parole de Dieu dans le but de les aider à combler la distance incommensurable entre le monde de la Bible d'hier et la société postmoderne d'aujourd'hui ? Ce faisant, il ou elle sera capable de conduire les membres de l'Eglise vers la sagesse, le bonheur et l'amour que Dieu veut qu'ils atteignent ?

Dans l'esprit des grands porte-paroles de Dieu susmentionnés qui ont donné le meilleur d'eux-mêmes et de leur vie dans leurs périodes et leurs contextes respectifs, la vision perdue du ministère pastoral dans notre société postmoderne par les pasteurs d'aujourd'hui pourrait être retrouvée. Un pasteur doit donc être avant tout un théologien public. Comme Kevin Vanhoozer et Owen Strachan l'ont dit en trois étapes :

---

[15] Abraham Joshua Heschel, *op. cit.*, p. 265.

> « Premièrement, les pasteurs sont et ont toujours été des théologiens. Deuxièmement, tout théologien est en quelque sorte un théologien public, un intellectuel étrange, un certain type de généraliste. [...] Troisièmement, le but du pasteur-théologien, étant un intellectuel public, est de servir le peuple de Dieu en l'édifiant dans "la foi qui fut une fois pour toutes délivrée aux saints"[16]. »

Ce pasteur théologien doit relever le défi de changer de paradigme concernant son idée de ce qu'un prédicateur est appelé à être et à faire : une image autre, positive, inspirée, entre autres, par les prophètes mentionnés ci-dessus. Dans une certaine mesure, il peut aussi devenir prophète s'il s'efforce de rencontrer Dieu d'une manière très personnelle. Il n'est pas nécessaire qu'il le soit de la même façon que ces quatre-là l'ont été. La rencontre personnelle entre le pasteur et Dieu peut devenir une réalité par la méditation certes, mais non sans une étude approfondie et méticuleuse de sa Parole, une étude maximisée grâce à l'étude dans les langues originales. Ensuite, et ensuite seulement, le pasteur sera sur la même longueur d'onde et s'accordera avec la révélation de la Parole de Dieu. Sa prédication, son enseignement et son partage auront alors un maximum d'impact sur ses auditeurs. Ceux qui souscrivent à cette approche verront que la Bible hébraïque et le Nouveau Testament grec sont d'abord concernés par la question de l'éthique, deuxièmement celle de l'adoration et ensuite mais seulement ensuite celle de la doctrine qui de toute façon n'obtient aucun crédit dans notre société postmoderne.

Un défi pour les pasteurs en ces temps d'exil

Le modèle qui sous-tend la vie des prophètes ne peut être transposé directement dans notre société postmoderne. Il est hors de question que cela représente un remède simple mais il peut inspirer les pasteurs à penser à des stratégies de survie. Ne serait-ce pas une idée pour ceux qui vivent dans un monde où l'homme s'éloigne de plus en plus de la Bible[17] de consulter à nouveau leur propre patrimoine ? Retour aux racines de la foi judéo-chrétienne ? Retour à Jésus de Nazareth et à sa communauté de disciples avec leur Bible hébraïque ? Au-delà de la Réforme et du Concile de Trente ? Au-delà des mystiques et des scolastiques ? Au-delà d'Augustin et de Chrysostome ? Guidant vers les enseignements et vers la vie de Jésus et, à travers eux, à la Torah de Moïse et des prophètes ? En faisant son chemin, le pasteur théologien sera mieux en mesure d'aider les chrétiens à comprendre le programme de Jésus, à découvrir leur propre identité chrétienne et à permettre au christianisme de faire sens là où ils

---

[16] Kevin Jon Vanhoozer, Owen Strachan, *The Pastor as a Public Theologian. Reclaiming a lost vision*, Grand Rapids, Baker Academic, 2015, p. 15-16.
[17] Abraham Joshua Heschel, *Israel: an echo of eternity*, New York, Jewish Lights Publishing, 1969 (in Dutch: *Israël: een echo van eeuwigheid*, Gooi en Sticht, Baarn 1995, p. 57).

sont. Il s'agit d'une autre méthode qui ne romance pas Jésus, mais qui rend justice à son message et à ses enseignements.

Cela signifie que le pasteur théologien pourrait préférer la compréhension de Jésus par Hans Küng[18] plutôt que la présentation de Joseph Ratzinger[19]. Plutôt Jésus, *le Juif central* d'André LaCocque[20], que le Christ nicéen de Riemer Roukema[21]. Au lieu de s'en tenir à un dogmatisme traditionnel d'un christianisme doctrinal, le pasteur théologien pourrait chercher l'aventure en essayant un *Christianisme à la manière de Jésus*. Pourquoi ne pas avoir le courage d'apprendre à lire la Bible avec des yeux d'un juif ancien et, ce faisant, de voir les évangiles d'une manière plus dynamique, que de s'en tenir à une conceptualisation gréco-romaine du Nouveau Testament comme le font la plupart des Eglises chrétiennes ?

J'ai mentionné l'évêque John Shelby Spong qui lance un appel à « redécouvrir le Jésus du Nouveau Testament » et à apprendre de lui où l'humain et le divin se rencontrent, à trouver une nouvelle base pour l'éthique chrétienne et à réinterpréter les signes liturgiques. Selon lui, ce processus d'apprentissage rapprochera l'homme séculier de Jésus et aidera les chrétiens de l'époque postmoderne à mieux le lire, lui et le Dieu qu'il adorait[22].

Conclusion

Les suggestions ci-dessus visent à aider les pasteurs à assumer leur rôle dans notre société postmoderne – ou dans une société presque postmoderne / méta-moderne – qui exige des capacités de débatteur efficace. Ils doivent devenir de solides partenaires de la culture, bien informés et éduqués sur leur propre héritage judéo-chrétien. Partager les perspectives critiques basées sur la Torah de prophètes comme Amos, Jérémie et Ezéchiel et surtout de Jésus qui ont démontré publiquement leurs fortes convictions en soutenant et en enrichissant la Torah de Moïse. Leur vie a prouvé qu'ils étaient des modèles authentiques dans leurs sociétés respectives et c'est ce que les pasteurs théologiens d'aujourd'hui doivent être pour leurs frères chrétiens et aux yeux de

---

[18] Hans Küng, *Jesus*, München, Piper Verlag, 2012.
[19] Joseph Ratzinger Benedicus XVI, *Jesus of Nazareth*, Vol. I, II, & III, New York, Doubleday, 2007 (traduit en 1 volume : « Jésus de Nazareth », Paris Flammarion, 2007).
[20] André LaCocque, *Jésus, le Juif central, son temps et son peuple*, Paris, Cerf, 2018.
[21] Riemer Roukema, *Jesus, Gnosis & Dogma*, London, T&T Clark, 2010 (traduit du néerlandais : *Jezus, de gnosis en het dogma*, Meinema, Zoetermeer, 2007).
[22] John Shelby Spong, *Why Christianity must Change or Die ?*, et aussi son *Liberating the Gospels, Reading the Bible with Jewish Eyes*, San Francisco, Harper One, 1996.

tous les séculiers. Leur sympathie pour le pathos de Dieu à l'égard de l'humanité leur fera comprendre que le point principal de la religion est l'éthique, à laquelle il faut donner la priorité avant tout culte et tout dogmatisme.

Peut-être que l'exigence d'une « prêtrise active pour tous les croyants » devrait être complétée par une exigence de « prophétisme de tous les pasteurs ». Ensemble, ils seront alors capables de créer des communautés où se rencontrent des gens qui ont besoin d'être guidés par Dieu sur les plans émotionnel, social et intellectuel. C'est pourquoi les pasteurs en tant que personnages publics devraient changer ou… devenir de moins en moins pertinents.

Autorité et conscience.
L'autorité de l'Eglise et la liberté du pasteur

Reinder Bruinsma[1]

Autorité et conformité sont des thèmes récurrents dans beaucoup de discussions adventistes actuelles. Beaucoup se sentent concernés par la façon dont l'autorité s'exerce à l'intérieur des structures de notre dénomination et se demandent si cette autorité ne s'exerce pas trop de « haut en bas » et n'a pas pris une tournure trop hiérarchisée. Des questions se posent sur les sphères légitimes de l'autorité et sur l'étendue et les limites de cette autorité aux différents échelons de notre organisation. Il y a une critique plutôt répandue au sujet des tentatives actuelles des niveaux « supérieurs » de l'organisation pour réaffirmer la conformité à certaines prises de position doctrinales et règlements de l'Eglise. Des responsables de l'Eglise réclament que des mesures soient prises pour assurer l'unité de l'Eglise mondiale. D'autre part, beaucoup relèvent le côté positif de la diversité et demandent d'avoir de l'espace pour que la conscience individuelle puisse répondre aux enjeux doctrinaux et aux règlements.

Cet article va explorer brièvement la nature de l'autorité dans l'Eglise chrétienne, et en particulier au sein de l'Eglise adventiste. Il examinera comment l'autorité des responsables et des institutions de l'Eglise s'articulent avec l'autorité et la liberté du pasteur et il mettra l'accent sur les tensions qui en découlent quand, sur des sujets spécifiques, le corps pastoral n'est pas d'accord avec ce que l'organisation dit, fait et attend de lui[2].

---

[1] Reinder Bruinsma, docteur en théologie, a occupé diverses fonctions enseignantes et administratives dans l'Eglise adventiste. Il a notamment été Président de l'Union néerlandaise, puis Secrétaire de la Division Trans-européenne. Il continue d'être professeur invité dans de nombreuses universités adventistes. Cet article, tiré de sa conférence présentée à Collonges lors de la rencontre européenne des théologiens adventistes en avril 2019, a été traduit de l'anglais par Claude Villeneuve.

[2] Quand je me réfère aux pasteurs ou prédicateurs j'utiliserai dans cet article le pronom masculin. Il faut cependant bien comprendre que le potentiel ecclésial inclut également un personnel pastoral féminin nombreux.

La nature de l'autorité de l'Eglise

Autorité

Je vais commencer par quelques remarques générales sur l'autorité de l'Eglise. On ne devrait pas être surpris que dans l'Eglise, tout comme dans la société, l'autorité et le respect envers des actes et des paroles autoritaires soient devenus de plus en plus problématiques. Les assemblées comme les personnes individuelles n'acceptent plus, sans discuter, la parole des pasteurs et celle d'autres dirigeants de l'Eglise. Présumer que le poste occupé est une garantie de respect, ce n'est plus vrai[3]. Dans la pensée postmoderne, la religion institutionalisée est considérée la plupart du temps comme sans objet et les méta-représentations (y compris celles de l'Eglise) qui prétendent tout expliquer et proclamer une Vérité absolue que tous doivent accepter, est rejetée. La pensée postmoderne considère que l'autonomie individuelle est voie de *vérité* pour chacun. Si une autorité s'établit et s'exerce par la force, se réclame d'une expertise particulière ou comme étant le fruit d'un charisme – ou d'une combinaison de ces facteurs – elle se confrontera alors à une sérieuse remise en question[4].

Les racines latines du mot « autorité » – *auctor* et *auctoritatis* – ont le sens d'« invention, conseil, influence, ordre ». En anglais ce mot a pris, à partir du XIVe siècle et après, le sens, la connotation de « droit de légiférer ou d'ordonner, de pouvoir renforcer l'obéissance, d'avoir le pouvoir ou le droit de commander et d'agir[5] ». Dans plusieurs traductions du texte d'Hébreux 12.2, Christ est appelé « l'auteur » de notre foi. Cela ne fait pas à priori allusion à son pouvoir ; et d'autres versions traduisent plus justement le mot original *archegon*, par « pionnier[6] » ou par « précurseur[7] ». Sans doute, le mot « initiateur » serait un bon équivalent moderne. Dans tous les cas, ce mot ne souligne pas la notion de pouvoir. Les deux mots du Nouveau Testament qui sont le plus étroitement associés à la notion de pouvoir ou de l'autorité sont *dunamis* et *exousia*. *Dunamis* « suggère la capacité inhérente à quelqu'un ou à quelque chose de faire aboutir

---

[3] Henry and Richard Blackaby, *Spiritual Leadership. Moving People on to God's Agenda*, Nashville, Broadman and Holman Publishers, 2001, p. 18.
[4] Windy Corbin Reuschling, « Trust and Obey. The Danger of Obedience as duty in Evangelical Ethics », *Journal of the Society of Christian Ethics* 25 (2005/2), p. 65.
[5] www.etymonline.com/word/authority
[6] Cf. George Knight, *Exploring Hebrews. A Devotional Commentary*, Hagerstown, Review and Herald Publishing Association, 2003, p. 223, 225.
[7] Comme le fait le théologien hollandais de renom Frederik Grosheide, dans son commentaire : *Korte Verklaring der Heilige Schrift: Hebreeën*, Kampen, Kok, 1966 p. 161,163.

quelque chose[8] ». D'autre part *exousia* souligne la « liberté de choix, le droit ou le pouvoir d'exercer l'autorité » ; c'est « le pouvoir qui peut s'afficher dans le domaine légal, politique ou moral[9] ».

Quelles que soient les nuances de sens que peuvent avoir ces mots, ils ne sont pas porteur d'un pouvoir autoritaire, forcé ou coercitif. Cela impacte directement la façon dont l'autorité devrait s'exercer dans l'Eglise.

> « Il est clair, au-delà de toute contestation, que Jésus a établi quelque chose de tout à fait nouveau dans l'autorité qu'il a conférée à l'Eglise. Une autorité qui repose sur l'amour et sur l'action de l'Esprit n'a pas de précédent à l'époque de l'Ancien Testament ou dans le monde hellénique, pas plus que ça n'apparaît dans les éthiques sociales du monde ancien ou nouveau[10]. »

Jésus a créé une nouvelle structure d'autorité, ce qui est une réalité, même si tous les membres ou dirigeants de l'Eglise n'en sont pas tous conscients. Ce qui est malheureux est que « nous sommes confrontés au danger que la structure de l'Eglise s'aligne sur le modèle de la société civile et que l'Eglise utilise les moyens propres à la société séculière. Quand l'Eglise devient une structure de pouvoir, à moins que ce ne soit le pouvoir de l'amour, elle en prend le caractère séculier[11]. » Le prédicateur, théologien et leader anglican bien connu John Stott l'a exprimé par ces mots pertinents :

> « L'autorité par laquelle un dirigeant chrétien dirige, ce n'est pas celle du pouvoir mais de l'amour, pas celle de la force mais de l'exemple, pas celle de la coercition mais du raisonnement persuasif. Les dirigeants ont le pouvoir, mais le pouvoir n'est sans risque que s'il est exercé par ceux qui se font humbles pour servir[12]. »

Le modèle biblique de l'exercice de l'autorité n'est pas le modèle séculier du PDG. « Les leaders spirituels n'essaient pas de satisfaire les buts et les ambitions des personnes qu'ils dirigent mais ceux du Dieu qu'ils servent[13]. »

Pouvoir versus Service

Dieu recherche des serviteurs. Nous le constatons déjà dès l'Ancien Testament dans les échanges entre Dieu et son peuple. Esaïe décrit de manière prenante, l'intervention décisive à venir de Dieu au travers de son Serviteur souffrant (ch. 53). Le résumé que fait Moïse sur les conditions d'une souveraineté royale nous

---

[8] Otto Betz, article « Dunamis » in Colin Brown (éd.), *Dictionary of New Testament Theology*, vol. 2, Exeter, The Paternoster Press, 1971, p. 601-606.
[9] Otto Betz, article « Exousia », in Colin Brown (éd.), *op. cit.*, p. 606-611.
[10] John McKenzie, « Authority and Power in the New Testament », *The Catholic Biblical Quarterly* 26 (1964), p. 420.
[11] *Ibid.*, p. 421.
[12] www.whatchristianswanttoknow.com.
[13] Henry and Richard Blackaby, *op.cit.*, p. 10, 18.

apprend qu'un dirigeant humain devrait avoir l'humilité d'un serviteur et ne pas se considérer meilleur que les personnes qu'il sert (Dt 17.20).

Christ est très clair sur les conditions du seul service acceptable pour diriger ceux qui le suivent. Il a donné l'exemple suprême. « Le Fils de l'homme est venu, non pour être servi, mais pour servir » (Mc 10.45). Au moment du dernier repas, Jésus a manifesté sa volonté de servir en lavant les pieds de ses disciples (Jn 13.1-17). Il a dit aux douze de suivre son exemple et a affirmé, dans ce contexte : « Qui est le plus grand, celui qui est à table, ou celui qui sert ? Et moi cependant, je suis au milieu de vous, comme celui qui sert » (Lc 22.27). Quand les disciples se disputaient au sujet du rang et de leur statut dans le royaume, Jésus n'a pas mâché ses mots et a fait remarquer que l'autorité dans son royaume ne devait pas ressembler au pouvoir de ce monde. Vous savez, dit-il, comment va le monde autour de vous. Mais vous devez suivre un modèle différent. « Quiconque veut être grand parmi vous, qu'il soit votre serviteur ; et quiconque veut être le premier parmi vous, qu'il soit votre esclave. C'est ainsi que le Fils de l'homme est venu, non pour être servi, mais pour servir » (Mt 20.25-28).

Robert Greenleaf a développé la théorie du leader-serviteur lorsqu'il travaillait dans le monde des affaires. Son livre a influencé beaucoup de gens, qu'ils soient religieux ou non. Il a été largement reconnu comme reflétant, sous maints aspects, le modèle de leadership enseigné et exercé par le Christ[14]. Le roman de Herman Hesse *The Journey to the East*[15], paru tout d'abord en allemand en 1932, est une histoire très intéressante sur le sens à donner au leader-serviteur. Il présente sans doute l'essence même de ce que représente un leadership de service, bien au-delà de ce qu'aucun travail académique sur les théories du leadership n'aurait pu faire. Tandis qu'un groupe de pèlerins se dirige vers l'Est, un homme appelé Leo porte les bagages sur son dos et fait toutes les corvées. Mais plus tard il devient clair qu'il a fait bien plus que cela. Il a aussi maintenu l'unité du groupe par sa présence et par ses chants[16].

Je me permettrais de suggérer qu'il y a un domaine particulier qui demanderait davantage de réflexion. Pour ne pas la nommer, c'est la terminologie communément utilisée lorsque nous parlons d'une personne qui, dans l'Eglise, détient une autorité. Le fait qu'elle soit appelée à être un « serviteur » n'est pas souvent reflété dans les appellations par lesquelles elle est présentée ou par lesquelles on s'adresse à elle. Les expressions telles que « révérend » et le mot

---

[14] Robert Greenleaf, *Servant Leadership. A Journey into the Nature of Legitimate Power and Greatness*, New York, Paulist Press, 1977.
[15] Herman Hesse, *The Journey to the East*, Mansfield, Martino Publishing, 2011.
[16] Joanne Ciulla, « Leadership Ethics. Mapping the Territory », in Joanne Ciulla (éd.), *Ethics, the Heart of Leadership*, Westport, Praeger Publishers, 2004, p. 17.

hollandais « dominee » (dérivé du latin *dominus*, ou seigneur) sont contraires au concept de serviteur. Les mots « ministre du culte » ou « pasteur » sont bien plus adaptés. Et il y a encore beaucoup à dire, lorsqu'on se réfère à une fonction ecclésiale, pour éviter les expressions telles que « charge d'Eglise » ou « chargé d'Eglise » (ou d'autres mots équivalents dans d'autres langues). Le mot « *office* » (en anglais, du latin *officium*, une tâche officielle qui implique un statut particulier) suggère pour beaucoup de personnes que ceux qui ont « charge d'Eglise » ont un rang supérieur aux autres membres.

Le mot consacré du Nouveau Testament pour le travail accompli au sein d'une Eglise du Christ est le mot *diakonia* qui signifie littéralement « service[17] ». Raoul Dederen a écrit, juste avant la session de la Conférence générale d'Utrecht, en 1995 (session où le ministère des femmes dans l'Eglise était un point important de l'ordre du jour) : « En tant qu'expression de l'action de l'Esprit parmi nous, l'autorité revêt les caractéristiques suprêmes du don de grâce, c'est-à-dire l'amour. Comme toutes les fonctions dans l'Eglise, l'exercice de l'autorité est une question d'amour, une *diakonia*, un service[18]. »

Un élément qui ne doit pas être minimisé est que toute autorité dans l'Eglise est une « autorité déléguée ». Cela ne veut dire en aucun cas que les corps constitués « d'en haut » reçoivent leur autorité des échelons inférieurs dans la structure de la dénomination – et, en fin de compte, des membres de l'église locale – comme c'est le cas (du moins officiellement) dans l'Eglise adventiste[19]. Cela signifie d'abord que toute autorité dans l'Eglise est « déléguée » parce que Dieu la donne.

Le principe biblique fondamental d'un ministère imparti à tous les croyants exclut de l'Eglise toute structure de gouvernance hiérarchisée. Il réduit également toute structure hiérarchique au niveau de la congrégation locale. Il n'y a aucune justification biblique pour accorder au pasteur un statut plus élevé qu'à un ancien ou pour justifier qu'un ancien soit plus important qu'un diacre[20]. Et il me semble que parler de pasteur principal ou de pasteur référent est plutôt douteux, parce que ce n'est pas faire juste une différence sur le rôle qu'ils jouent mais suggère aussi la regrettable idée d'une différence de statut.

---

[17] T. Brienen, *Van Ambt naar Dienst. Een Bijbelse Visie op Diensten en Bedieningen*, Kampen, Uitgeverij Kok, 2008, p. 17.
[18] Raoul Dederen, « The Church: Authority and Unity », supplement to *Ministry* (may 1995), p. 9.
[19] *The Seventh-day Adventist Church Manual*, Silver Spring, Secretariat of the Seventh-day Adventist Church, 2010, p. 28-30.
[20] T. Brienen, *op.cit.*, p 36.

Une structure d'organisation

Bien que très hésitants à adopter une structure d'organisation, les dirigeants du mouvement adventiste naissant ont vite reconnu qu'une certaine forme d'organisation était nécessaire[21].

La structure de l'Eglise qui fut adoptée au niveau local n'était pas le fruit d'une recherche biblique ou théologique très avancée mais simplement une forme d'emprunt quelque peu adaptée, calquée sur le mouvement *Christian Connexion*, une petite dénomination « restorationiste » à laquelle plusieurs des « pionniers » avaient appartenu avant de devenir adventistes. Etant donné que le protestantisme américain était en général fortement influencé par le calvinisme, il ne faut pas s'étonner de découvrir que (tout comme pour la *Christian Connexion*) l'Eglise adventiste ait largement calqué le modèle calviniste pour le fonctionnement de l'Eglise locale – par exemple les trois « fonctions » de pasteur, ancien et diacre[22]. En ce qui concerne le fonctionnement au-dessus de l'Eglise locale, les adventistes ont copié le modèle de base des méthodistes avec des Fédérations et une Conférence générale[23]. Les niveaux administratifs des Unions et des Divisions furent ajoutés lorsque l'Eglise adventiste s'est développée au niveau mondial[24].

Dans l'ensemble, cette structure d'organisation a assez bien servi l'Eglise et a, sans aucun doute, été un facteur capital dans l'accomplissement de sa mission. Après tout, cette mission de l'Eglise est une raison décisive pour justifier une organisation. Cependant, dans la pratique, cette organisation a aussi soulevé des contestations. Le côté leader-serviteur s'est souvent estompé lorsque certains petits groupes d'individus ont commencé à exercer « un pouvoir souverain ». A l'exception du premier président de la Conférence générale (John Byington), Ellen White a, à un moment donné ou un autre, blâmé pour abus d'autorité,

---

[21] Pour un survol concis et facile à lire sur le développement du modèle d'organisation des adventistes, se référer à George Knight, *Organizing to Beat the Devil. The Development of Adventist Church Structure*, Hagerstown, Review and Herald Publishing Association, 2001. D'autres bonnes sources sont Barry David Oliver, *SDA Organizational Structure. Past, Present, and Future*, Berrien Springs, Andrews University Press, 1989 ; Andrew Mustard, *James White and SDA Organization. Historical Development, 1844-1881*, Berrien Springs, Andrews University Press, 1987 ; W.R. Beach and B.B. Beach, *Pattern for Progress. The Role and Function of Church Organization*, Hagerstown, Review and Herald Publishing Association, 1985.

[22] Reinder Bruinsma, *The Body of Christ. A Biblical Understanding of the Church*, Hagerstown, Review and Herald Publishing Association, 2009, p. 134-135.

[23] Andrew Mustard, *op. cit.*, p. 32 ; Reinder Bruinsma, *op. cit.*, p. 136-137.

[24] George Knight, *op. cit.*, p. 80-86, 157 ; Gerry Chudley, *Who Runs the Church ? Understanding the Unity, Structure and Authority of the Seventh-day Adventist Church*, Lincoln, Advent Source, 2013, p. 18-20.

tous les présidents (de l'Eglise) avec qui elle avait travaillé au cours de sa longue vie[25].

Récemment, des critiques ont dénoncé que la direction au sommet de la dénomination devenait de plus en plus hiérarchisée dans sa façon de voir et dans l'interprétation et l'application des règlements et ils l'ont même accusée de se calquer sur le mode de fonctionnement de l'Eglise catholique qui était traditionnellement et fermement condamné par l'Eglise[26]. Nous ferions mieux de nous rappeler les paroles de Charles Bradford (ancien président de la Division d'Amérique du nord) : « Les différents niveaux de la structure de l'Eglise (Fédération, Union, Division, Conférence générale) détiennent leur autorité des congrégations locales. Leur existence n'est légitime que parce qu'ils dépendent et servent l'ensemble de la communauté[27]. »

J'approuve de tout mon cœur cet érudit Baptiste qui a suggéré qu'il serait bien préférable de parler de « réseau » plutôt que de « structure » de fonctionnement d'Eglise. « Structure » a une connotation de rigidité et d'immobilité, tandis que la métaphore du « réseau » peut certes suggérer un degré de vulnérabilité important, mais aussi celui de souplesse et d'adaptation, tandis que la rigidité peut par contre « tenir ceux qui avancent et s'appuient sur elle[28] ».

Avant de poursuivre la seconde partie de mon article il faut mentionner un point de plus. Gardant à l'esprit que toute autorité vient de Dieu, nous devons reconnaître que le poids de cette autorité est différent – non par la reconnaissance que les divers échelons de la dénomination puissent avoir des niveaux différents d'autorité, mais en prenant conscience que Dieu est la source de toute autorité[29]. « En tant que Roi de toute création et histoire, il a le droit d'exercer son autorité sur l'humanité ». Il est la source d'autorité ultime de toute Eglise. De plus, avec les autres chrétiens, nous tenons pour vrai que Dieu s'est révélé en Jésus-Christ, Parole vivante et Chef de l'Eglise. Dans son amour et dans sa grâce Dieu nous a ensuite parlé et parle par sa Parole écrite, qui rend un témoignage suprême à Jésus-Christ[30]. Par conséquent l'autorité de l'Eglise est

---

[25] Leroy Moore, « Kingly Power », in Denis Fortin, Jerry Moon (éd.), *The Ellen G. White Encyclopedia*, Hagerstown, Review and Herald Publishing Association, 2013, p. 921-922.
[26] Cf. Présentation de George Knight au cours de la rencontre de 2017 sur l'unité, Londres, « Catholic or Adventist. The Ongoing Struggle over Authority », *Spectrum* 45 (2017/2-3), p. 32-53 ; and George Knight, *Adventist Authority Wars*, Westlake Village, Oak and Acorn, 2017.
[27] Charles Bradford, « Authority in the Church », *Ministry* (October 1979), p. 15.
[28] Jeff Pool, « Christ, Conscience, Canon, Community. Web of Authority in the Baptist Vision », *Perspectives in Religious Studies* 24 (Winter 1997), p. 444-445.
[29] Michael Kinnamon, « Authority in the Church. An Ecumenical Perspective », *Mid-Stream* (April 1, 1982) p. 201.
[30] Raoul Dederen, *op. cit.*, p. 2.

toujours soumise à une autorité bien supérieure. L'Eglise doit toujours reconnaître sa subordination. Elle ne doit jamais se réclamer d'inerrance ou d'infaillibilité. Elle est le « corps du Christ » en ce monde, mais pas « une fusion mystique du Christ ». « Christ, dans sa souveraineté, se tient au-dessus d'elle. Elle (l'Eglise) se doit de l'écouter et de lui obéir et seulement alors parler au nom du Seigneur[31]. »

Cette reconnaissance devrait nous aider dans l'interprétation des déclarations sur l'autorité faites par Ellen White lors d'une session de la Conférence générale. Quelle que soit son autorité, elle est toujours soumise à une autorité infiniment supérieure.

Au sujet des controverses sur la conformité au règlement, il a été avancé que les opinions individuelles des niveaux « subalternes » de la dénomination devaient toujours se soumettre aux décisions des sessions de la Conférence générale, étant donné qu'elle est « la plus haute autorité de Dieu sur terre[32] ». Lorsque l'on cite cette déclaration qui date de 1875, il n'est habituellement pas fait mention de son contexte. Ellen White a adressé ces mots à un employé qui avait refusé d'accomplir un devoir particulier confié par l'Eglise[33]. Alors que nous essayons de mesurer le poids de cette déclaration nous ne devons pas oublier qu'Ellen White a exprimé à plusieurs reprises de forts doutes sur la façon dont les dirigeants de la Conférence générale, à un moment donné, exerçaient leur leadership. Elle a écrit en 1894, dans ses notes personnelles, que la gouvernance de la Conférence générale était devenue « une voix étrangère » et que « Dieu ne parlait pas par elle[34] ». On pourrait citer de nombreuses déclarations semblables[35]. Néanmoins, en 1909, elle a à nouveau souligné qu'une session de la Conférence générale était la seule autorité :

> « Quand au cours d'une Conférence générale la décision des frères rassemblés venant de toutes les parties du territoire a été exprimée, s'obstiner sur des prises de position privées ou indépendantes ne devrait jamais prévaloir, mais il faudrait se soumettre. Jamais un employé ne devrait considérer comme une vertu le maintien de sa position d'indépendance face à une décision générale commune[36]. »

---

[31] Gilbert Meilaender, « Conscience and Authority », *First Things* (November 2007), p. 37.
[32] Ellen White, *Testimonies for the Church*, vol.3, Mountain View, Pacific Press Publishing Association, 1948, p. 492.
[33] Gerry Chudley, *op. cit.*, p. 27.
[34] Ellen White, *Manuscript* 114, 1894.
[35] Pour une étude captivante sur les interactions d'Ellen White avec trois des présidents de la Conférence générale, se référer à Gilbert Valentine, *The Prophet and the Presidents*, Nampa, Pacific Press Publishing Association, 2011.
[36] Ellen White, *Testimonies for the Church*, vol. 9, Mountain View, Pacific Press Publishing Association, 1948, p. 260.

Robert Pierson, Président de la Conférence générale de 1966 à 1979 a même fait un pas plus loin en admonestant le personnel de la Conférence générale de se souvenir « qu'ils font partie tous les jours, à chaque heure, à chaque instant, d'un groupe de dirigeants qui constituent la plus haute autorité de Dieu sur terre[37] ».

Au cours d'une session en 1877, la Conférence générale a pris un vote significatif : « Voté que la plus haute autorité des adventistes du septième jour se trouve, après Dieu, dans la volonté de l'ensemble des membres de ce corps, comme on le voit lorsque la Conférence générale agit en prenant des décisions sous *sa propre juridiction* ; et, *à moins qu'on puisse montrer qu'elles sont en contradiction avec la Parole de Dieu et les droits de la conscience individuelle*, tous devraient s'y soumettre[38]. » Il faut remarquer que dans cette déclaration, il est clairement dit qu'une session de la Conférence générale doit rester dans les limites de « sa propre juridiction » et que la conscience individuelle n'y perd pas son rôle et garde tout son sens. Ces derniers temps, on ne respecte peut-être pas toujours suffisamment ces conditions.

Le pasteur : son rôle et sa relation aux autres

Les quelques 30 000 pasteurs adventistes jouent un rôle important dans la dénomination[39]. Il est pourtant difficile de dire en quelques mots comment, au quotidien, ils fonctionnent dans les différentes parties du monde et quel est leur lien avec leurs fédérations ou leurs unions, ou de décrire leur degré d'autonomie. Ce n'est un secret pour personne de dire qu'il y a une différence sensible entre le pasteur d'un district rural en Afrique ou en Amérique du sud et le pasteur « principal » d'une université d'Amérique du nord. Mais, selon le *Manuel d'Eglise*, ils sont tous soumis à l'autorité de ceux qui les emploient – dans la plupart des cas la fédération locale. Le *Mémento du pasteur* souligne le fait que le pasteur local dépend d'un supérieur. Dans les éditions plus anciennes du *Mémento du pasteur*, le président de fédération est présenté comme celui qui « supervise » les pasteurs de sa fédération. Cette description plutôt hiérarchique ne se trouve plus dans les manuels actuels. Cependant la formulation retenue est que le président « dépend largement des pasteurs pour la réalisation des plans et le respect des règlements de la fédération ». On attend du pasteur qu'il applique

---

[37] Robert Pierson, *Ministry* (June 1976).
[38] *Review and Herald*, (October 4, 1877), p. 106. Les italiques sont rajoutés.
[39] *Annual Statistical Report 2017*, Silver Spring, Office of Archive and Statistics of the Seventh-day Adventist Church, 2018, p. 10.

strictement tous les règlements de l'Eglise et qu'il s'en tienne de très près au *Manuel d'Eglise*[40].

Quand on regarde la question sous l'angle de l'organisation qui l'emploie, il est clair que l'autorité du pasteur est assez limitée. Il a pourtant un degré d'autorité significatif dans son rôle au sein de(s) église(s) locale(s). Il doit « assumer la direction de l'Eglise[41] ». Il est *primus inter pares* parmi les anciens et il doit instruire les responsables de l'Eglise sur leurs tâches et planifier avec eux toutes les orientations de l'Eglise, les activités et le travail. Dans des circonstances normales, il préside le Conseil d'Eglise. Un pasteur consacré peut officier à toute cérémonie et accomplir toutes les fonctions officielles de l'Eglise alors que certaines restrictions s'appliquent à ceux qui ont d'autres types de lettres de créance[42].

Divers documents officiels de l'Eglise indiquent clairement que la liberté individuelle du pasteur est limitée. Les termes du *Mémento du pasteur* des éditions antérieures à celle de 2009 l'expriment sans équivoque. Dans les éditions précédentes on informait les pasteurs : « Lorsque vous êtes employé et devenez un responsable dans l'Eglise, votre liberté personnelle est restreinte[43]. » Les pasteurs doivent faire confiance à leurs dirigeants et les soutenir. « Lorsqu'on est employé d'une dénomination on doit renoncer à la liberté de prêcher, imprimer, ou répandre des opinions qui sont en contradiction avec la position officielle adoptée par l'Eglise ». Plus tard, on dit au pasteur : « Vous n'avez pas le droit de parler des résultats de vos études personnelles d'une manière qui minerait la foi d'un seul membre[44]. » Bien que ce libellé ne soit plus le même, il exprime toujours ce qu'on attend du pasteur.

Obéissance ou dissidence ?

Que doit donc faire le pasteur qui a quelques réserves sur la façon dont les *Croyances fondamentales* de l'Eglise sont formulées ? Quand il est confronté à des situations pastorales particulières, le pasteur peut-il suivre sa conscience ou doit-il toujours se « conformer au texte » ? Peut-il, quand il sent qu'il a de bonnes raisons de le faire, s'écarter des règlements officiels de l'Eglise lorsqu'il s'agit de personnes qu'il lui est permis de baptiser ou de marier ? Ou lorsqu'il s'agit de régler un cas de discipline dans l'Eglise ? A-t-il la liberté de déclarer

---

[40] *Mémento du pasteur*, p. 76.
[41] *Mémento du pasteur*, p. 129.
[42] *Church Manual*, 1992, p. 33.
[43] *Minister's Manual*, 1992, p. 64.
[44] *Mémento du pasteur*, p. 78.

ouvertement qu'il n'est pas d'accord avec les décisions de l'Eglise au sujet de la consécration des femmes au pastorat ? Etc.

Un pasteur doit, comme tous les membres, prendre conscience qu'il appartient à la communauté qu'il dessert. Dans son livre, *The Problem of Christianity*, qui fut publié la première fois en 1913, le philosophe américain Josiah Royce définissait le concept de communauté d'une façon tout à fait correcte. Il disait qu'une communauté est un groupe de personnes qui sont liées par la mémoire d'un passé commun et par la projection d'espoirs futurs qu'elles partagent[45]. Ceci s'applique aussi très bien à la communauté de foi de l'Eglise adventiste. Pour rester une communauté et pour être en mesure de poursuivre ses buts, la communauté de foi doit s'organiser d'une façon aussi efficace que possible. Elle doit parvenir à un large consensus sur ce qu'elle croit et doit inévitablement développer des règles qui permettent à la communauté de fonctionner pour poursuivre sa mission. C'est un processus qui ne s'arrêtera et ne s'achèvera jamais. Les règlements doivent être changés ou revus de temps en temps. La théologie demeure toujours un processus progressif, et cela est vrai pour les doctrines, aussi « fondamentales » qu'elles puissent être. Comme l'indique le préambule des *Croyances fondamentales*, même ces fondements ne sont pas figés à jamais[46].

La question est (selon les paroles d'un officiel du Conseil Œcuménique des Eglises) : « La liberté chrétienne placée sous l'égide de l'Evangile peut-elle être protégée, pour enseigner et prendre des décisions, par des structures ecclésiastiques[47] ? Ou, selon mes propres mots, y-a-t-il de l'espace pour une diversité d'opinions sur certains enjeux et pour la conscience de ceux qui ne sont pas d'accord, tout en restant fidèles à la communauté ? Raoul Dederen a lancé un avertissement. Il dit qu'écouter ce que la communauté a à dire, ce n'est pas faire preuve d'une « neutralité de mouton sans colonne vertébrale ».

> « C'est plutôt une façon de penser qui s'exprime sous des facettes successives. D'abord cela indique qu'on est prêt à dépasser son propre point de vue pour s'ouvrir à l'influence persuasive d'une vision plus large. Ensuite cela implique la volonté de revoir sa propre position à la lumière de la décision de l'Eglise. Troisièmement, cela indique une forte tendance à conclure d'emblée que la décision de l'Eglise est erronée[48]. »

Pourtant, en même temps, comme nous l'avons vu précédemment, la vision biblique de l'autorité n'est pas celle d'un pouvoir qui domine et réprime, mais

---

[45] Cité par Joseph Bracken, « Toward a Grammar of Dissent », *Theological Studies* (September 1, 1970) p. 440.
[46] www.adventist.org/fileadmin/adventist.org/files/articles/official-statements/28Beliefs-web.pdf
[47] Michael Kinnamon, *op. cit.*, p. 196.
[48] Raoul Dederen, *op. cit.*, p. 8.

celle du service. « La véritable autorité ne peut jamais s'imposer : elle ne fonctionne que quand elle s'offre, qu'elle est choisie et librement acceptée[49]. » Un développement moral personnel nécessite une pensée critique qui ne se contente pas de suivre des conventions et de se conformer à des règles. « Lorsque la vie morale se réduit à suivre et à se concentrer simplement sur des autorités morales, le risque est que l'individu ne puisse s'affranchir et ne soit capable de faire des choix responsables[50]. »

Accepter l'autorité, l'enseignement et la souveraineté de l'Eglise ne présume en rien d'une obéissance aveugle. Nous ne devons pas oublier que tous – et par-dessus tout, les pasteurs – devront rendre compte à Christ de tout ce qu'ils ont fait[51]. Le grand Réformateur, Martin Luther, n'a-t-il pas montré l'exemple d'une dissidence guidée par la conscience lorsqu'il a dit que sa conscience était « prisonnière de la Parole de Dieu », et qu'il n'était « ni sûr ni salutaire » d'aller contre sa conscience[52] ? Ellen White a validé ce principe lorsqu'elle a écrit qu'une autorité politique ou ecclésiale pèche contre Dieu quand elle oblige les personnes à aller contre leur conscience[53]. Gilbert Meilaender, professeur d'éthique chrétienne à l'université de Valparaiso, a soulevé un point important lorsqu'il affirme que l'autorité de l'Eglise doit être respectée, parce que c'est à l'Eglise que le Seigneur s'adresse. « Mais Dieu s'adresse aussi au croyant individuellement. C'est-à-dire que l'Eglise n'est pas la seule à s'adresser au croyant mais que le Seigneur, tête de ce corps, s'adresse aussi à lui[54]. »

Il peut y avoir conflit entre le fait de respecter l'autorité de l'Eglise et écouter la voix de sa conscience. S'il est vrai que la personne – dans ce cas le pasteur – doit écouter ce que dit l'Eglise, en retour l'Eglise a l'obligation d'écouter et d'examiner ce que pense le croyant/pasteur, en tant qu'individu. « Même si c'est inacceptable pour plusieurs raisons », de telles opinions peuvent contenir « une parcelle de vérité qui peut se développer en une idée plus complète et plus riche[55] ». Johannes van der Ven, un professeur hollandais de théologie pratique pense que l'Eglise a continuellement besoin de se réformer et que cette réforme ne se passera jamais sans conflits. Il affirme : « En fait, la réforme de l'Eglise dépend de l'équilibre dans la façon de gérer ces conflits. Une situation sans conflits dénote souvent la pauvreté et la rareté des interactions entre les

---

[49] Michael Kinnamon, *op. cit.* p. 201.
[50] Windy Corbin Reuschling, *op. cit.*, p. 67.
[51] Henry and Richard Blackaby, *op. cit.*, p. 91.
[52] John Bradbury, « Non-Conformist Conscience? Individual Conscience and the Authority of the Church from John Calvin to the Present », *Ecclesiology* 10 (2014), p. 33.
[53] Ellen White, « God's will to be done on earth », *Review and Herald* (March 26, 1895).
[54] Gilbert Meilaender, *op. cit.*, p. 37.
[55] *Ibid.*, p. 35.

membres de l'Eglise[56]. » S'il est vrai qu'une communauté ne peut exister sans un consensus général sur ses objectifs et son identité, une divergence responsable peut exercer une saine influence sans menacer pour autant l'unité de l'Eglise. Les divergences obligent la communauté à revoir sa propre compréhension des choses. Il est par conséquent important qu'elle crée des ouvertures pour que les divergences s'expriment[57].

Il y a un moment où la tension entre le point de vue officiel de l'Eglise et celui du pasteur devient telle que l'Eglise doit prendre des mesures pour protéger son identité et son unité. L'Eglise a le droit de sanctionner les pasteurs lorsqu'ils manifestent un manque persistant de loyauté et qu'ils ne soutiennent plus les croyances essentielles de l'Eglise. L'autre face de la médaille est que personne n'est obligé de rester membre d'Eglise ou de continuer à être pasteur. L'Eglise est une communauté volontairement acceptée. Si quelqu'un estime qu'il ne peut plus soutenir la façon de voir et de faire de l'Eglise, sans forcer sa bonne conscience, il peut ne pas avoir d'autre choix que de la quitter.

De nombreuses questions demeurent sur la façon dont la communauté de l'Eglise doit traiter ceux qui sont perçus comme une menace pour le bien être et l'unité de l'Eglise. Kinnamon formule la question de la façon suivante : « Comment l'Eglise détermine-t-elle, communique-t-elle et, si nécessaire, confirme-t-elle les limites à ne pas dépasser si, au sujet de cette diversité de croyance et même si elle est enrichissante, elle pervertit l'identité fondamentale de la communauté chrétienne ? » Il me semble que l'Eglise adventiste n'a pas encore trouvé une réponse totalement satisfaisante à cette question et j'approuve les voix de ceux qui dans l'Eglise pensent que le fait d'établir des comités de conformité n'est certainement pas une réaction satisfaisante.

Quelques pensées pour essayer de conclure

Nous devons faire face actuellement dans notre Eglise à quelques controverses malheureuses et constatons un degré de polarisation regrettable. Personne ne peut dire que les enjeux sont sans importance. Permettez-moi de faire quelques suggestions qui, je le crois, sont dignes de considération :

1. Nous devons, là où il y a divergence dans nos discussions, nous concentrer davantage sur les nombreux points d'accord. Nous ne devrions pas perdre de vue le fait que, malgré toute sa diversité, l'Eglise

---

[56] Johannes van der Ven, *Ecclesiology in Context*, Grand Rapids, Eerdmans Publishing Company, 1996, p. 381.
[57] Joseph Bracken, *op. cit.*, p. 446-447.

adventiste est encore remarquablement unie, surtout si nous la comparons à d'autres communautés de foi.

2. Cela aiderait aussi si l'Eglise était moins sélective en sélectionnant les questions théologiques et les règlements pour en faire des enjeux de conformité et le point de mire des discussions. Pourquoi le doute concernant les jours littéraux de la création nous concerneraient-ils davantage que le rejet de la doctrine trinitaire ? Pourquoi « l'orthodoxie » tenue au regard de l'homosexualité serait-elle plus vitale que de s'attacher à une vision plus équilibrée des problèmes soulevés par « la théologie de la dernière génération » ?

3. L'Eglise devrait se montrer très prudente quand elle sanctionne les voix divergentes, même si elle considère que certains points de vue théologiques sont inacceptables. Si les différends théologiques ne sont pas traités avec beaucoup d'égard et de patience, il peut en résulter beaucoup de dégâts et une détresse personnelle et institutionnelle, et il faut s'assurer que la question ne soit pas polluée par des enjeux politiques ou de pouvoir. Quoique nous puissions en penser, par exemple sur la question théologique lors de la crise Desmond Ford, nous devrions en retirer des enseignements sur la façon (souvent politique) par laquelle la question a été traitée. Destituer Desmond Ford ou la démission ou le renvoi de centaines de pasteurs n'a pas fait cesser les discussions, et beaucoup d'idées que Ford a avancées sont toujours très présentes, malgré sa destitution[58]. L'un des défis de l'Eglise adventiste est sans doute de faire davantage confiance à l'action à long terme de l'Esprit Saint qui guide l'Eglise, la protège et l'éclaire sur la compréhension de la vérité biblique.

4. Il doit y avoir dans certains milieux de l'Eglise une plus grande conscience du danger encouru par une pensée hiérarchisée, une plus grande volonté de reconnaître les différences culturelles et de permettre plus de souplesse. Au-delà de tout cela, lorsque l'Eglise fait face à des opinions différentes ou à des dissensions, elle doit appliquer son autorité de la manière qui caractérise le véritable esprit du leader-serviteur et avec amour.

5. Nous devrions mettre l'accent sur ce que Josiah Joyce a déclaré être l'une des conditions pour l'édification d'une vraie communauté : tous les membres doivent entretenir une loyauté et un amour particulier

---

[58] Une étude détaillée sur la suite donnée à cette crise se trouve dans Peter Ballis, *Leaving the Adventist Ministry. A study of the Process of Exiting*, Westport, Praeger Publishers, 1999.

envers les autres membres de la communauté et envers la communauté dans son ensemble[59]. Cela nécessite des membres – y compris des pasteurs – qui ne sont pas d'accord avec leur Eglise sur un point particulier un sens bien marqué des responsabilités, en vue du bien-être de la communauté et une prudence particulière – et parfois même une retenue – avant de clamer leurs opinions.

6. Beaucoup de questions, au fil du temps, pourraient être résolues, ou tout au moins atténuées, si nous permettions, en tant qu'institution et individuellement, à notre pensée et à nos interactions de se manifester, non pas tant pour prouver qu'on a raison, mais en étant plus attentionnés envers autrui. Cela ferait une grande différence dans l'Eglise si nous agissions toujours en partant du principe que, quelles que soient nos différences d'opinion, ces différences ne font pas de nous des ennemis mais que nous aimons tous notre Seigneur et notre Eglise.

---

[59] Joseph Bracken, *op. cit.*, p. 440.

Le(s) ministère(s) dans une perspective adventiste

Gabriel Monet[1]

Aujourd'hui, la tâche du pasteur est complexe et multiforme, voire ambivalente. On attend de lui qu'il prêche, mais sans donner des cours de théologie ; qu'il organise, mais sans fonctionner en chef d'entreprise ; qu'il administre, mais en n'étant ni secrétaire, ni comptable ; qu'il écoute et accompagne, mais sans se prendre pour un psychologue ; qu'il discipline, mais sans se poser en juge. On attend de lui qu'il forme, qu'il évangélise, qu'il coache... En même temps, on voit pointer depuis quelques temps ce que certains considèrent comme une crise des vocations, et la crise tout court fait que parfois les finances ne suivent pas quand il s'agit d'embaucher plus de pasteurs. Le temps où il y avait un pasteur par Eglise est révolu. Certains le regretteront, d'autres pourront s'en réjouir car cela ouvre de nouveaux horizons. Toujours est-il que cela pose au moins deux questions clés qui vont guider la réflexion qui suit : la première est de savoir qui sont les acteurs du ministère de l'Eglise et comment articuler le ministère des laïcs avec le ministère des pasteurs. La deuxième interrogation concerne l'objectif du ministère pastoral. Les pasteurs pourront-ils encore longtemps jouer les hommes orchestre et, si non, quelles devraient être les priorités du ministère pastoral ?

D'ailleurs, parler de ministère(s) est à la fois ambigu et intéressant. Cela inclut le ministère pastoral, mais l'ambiguïté est intéressante, précisément parce qu'il est important d'ancrer la nature et le rôle du ministère pastoral dans une vision plus large des ministères. C'est pourquoi je propose trois temps dans ma réflexion : tout d'abord une première partie sur une conception adventiste du ministère en général, puis je porterai un regard synthétique sur l'émergence et le développement du ministère pastoral d'un point de vue historique, avant

---

[1] Gabriel Monet, docteur en théologie, est professeur de théologie pratique et doyen de la Faculté adventiste de théologie de Collonges-sous-Salève (France).

d'aborder plus spécifiquement quelques éléments sur les fonctions du ministère pastoral.

Une conception adventiste du ministère

Peut-on parler de ministère au singulier, ou serait-il plus judicieux de choisir le pluriel et de parler *des* ministères. S'il me semble important de s'ouvrir à la variété des ministères pour bien signifier que chacun est appelé à apporter sa part à l'œuvre de Dieu en fonction des spécificités de son parcours, de sa vocation, de ses dons, il n'est pas non plus incohérent de parler de ministère au singulier, pour signifier que tout acte de service n'est finalement qu'une participation au ministère (au singulier) dont Dieu est l'acteur majeur. Ainsi, quelles sont les caractéristiques d'une conception adventiste du ministère en général ? J'aimerais proposer quatre éléments, fondés sur la Bible, qui peuvent qualifier la notion de ministère.

Le ministère, une dynamique collective

Lorsque l'on parle de ministère, on pense au ministre (de l'Evangile en l'occurrence), un mot qui est devenu associé à celui de pasteur, un travailleur employé à plein temps par l'Eglise. Mais dans la Bible le concept de ministère n'est pas aussi précis[2]. Le ministère est avant tout l'action de Dieu. Et le ministère de Dieu est trinitaire. Dieu le Père est le créateur ; il est celui qui conduit et dirige son peuple. Il prend soin, montre la voie, donne de nouvelles chances, enseigne, et ainsi de suite. Il l'a fait dans le passé, comme la Bible en témoigne, et il continue de le faire aujourd'hui. Jésus, Dieu incarné, est Sauveur et Seigneur. Il a enseigné, nourri, guéri, écouté, encouragé, mené. Il l'a fait dans

---

[2] Une définition du ministère pourrait être utile, tâche qui est rendue complexe du fait des différentes langues modernes dont l'usage des mots varie. Le mot *ministère* est lié au latin *ministerium* qui évoque l'idée de service. Le mot *minister* qui a été formé par opposition au mot *magister*, oppose le serviteur et le maître. Mais avec le temps, le concept de ministère s'est élargi et a été associé à l'idée d'une tâche à accomplir, une manière d'agir, et même une manière de diriger. Dans une perspective biblique, le ministère est associé au mot hébreu *sharath*, et au mot grec *diakonia* (servir), et dans une certaine mesure à des termes tels que *mesareth, abad*, ou *leitourgein, latreuein, hyperetes* qui sont tous, la plupart du temps, liés à la notion de service de la part des humains vis-à-vis de Dieu ou de leaders. Mais même ce sens spécifique du ministère s'est élargi à la divinité. Dans l'AT, la notion est présente par exemple dans le chant des quatre serviteurs en Esaïe (42, 49, 50, 52). Dans le NT, la notion de ministère est associée à l'action de Jésus qui s'est présenté lui-même comme étant venu pour servir (Mc 10.45 ; Lc 22.26-27). Cet exemple du service devient une ligne à suivre pour chaque ministre (Ph 2.6-8 ; 1P 2.21). Dans tous les cas, l'aptitude à exercer un ministère est un don de Dieu (Ac 20.24 ; Col 4.17 ; 1Tm 1.12 ; 1P 4.11). Cf. Siegfried Horn, « Minister », in *Seventh-day Adventist Bible Dictionary*, Washington, Review and Herald, 1979, p. 744 ; Roger Beckwith, « Ministry », in *New Bible Dictionary*, Leicester, Inter-Varsity Press, 1982, p. 780-781 ; Alain Rey, « Ministre », in *Dictionnaire historique de la langue française*, Paris, Robert, 1992, p. 1249.

le passé, comme la Bible en témoigne, et il continue de le faire aujourd'hui. Il est même aujourd'hui entré dans une nouvelle phase de son ministère et plus qu'aucun autre, il est celui qui prépare la seconde venue[3]. Le Saint-Esprit a également toujours été actif, mais à la suite du ministère terrestre de Jésus, il joue un rôle majeur en tant que présence et action de Dieu. Il l'a fait dans le passé – la lecture du livre des Actes rend compte de l'importance du ministère du Saint-Esprit– et il continue de le faire aujourd'hui.

C'est pourquoi, dans toute réflexion à propos du ministère, il est essentiel de se rappeler que notre action n'est qu'une participation à l'action de Dieu. Il pourrait accomplir le ministère par lui-même, mais la façon dont il a conçu la relation avec nous, est de faire de chaque chrétien un collaborateur sous sa direction. Ainsi, le ministère a donc une dynamique collective entre Dieu et ses créatures. Mais de la même manière que le ministère de Dieu est en soi collectif – les trois personnes de la Trinité agissent ensemble – nous sommes appelés en tant qu'êtres humains à considérer le ministère comme une action collective.

Quand nous regardons le ministère humain dans la Bible, et plus précisément dans l'Eglise primitive, on remarque la responsabilité de chaque chrétien. L'Eglise primitive est une Eglise collégiale. Il y a des fonctions différentes et des dons différents pour le bénéfice de tous. Le texte de 1 Corinthiens 12 traite de la diversité des « dons », des « ministères » et des « opérations » que Paul mentionne dans la plus large catégorie qu'il appelle « les manifestations de l'Esprit ». Dans Ephésiens 4, les différents ministères mentionnés sont là « pour l'œuvre du ministère », afin que « le corps du Christ soit édifié ». Il est à noter qu'il n'est pas attendu qu'un homme accumule une multitude de fonctions[4]. La mission évangélique et même la construction de la communauté, restent l'apanage de toute l'assemblée. C'est la condition pour la croissance de l'Eglise.

Chaque croyant devrait donc être un ministre. Comme Pierre le montre très bien (1P 2.4-9), l'Eglise a émergé à l'ère du sacerdoce universel. Cette responsabilité collective n'exclut pas certains ministères spécifiques au sein de la communauté, mais l'apôtre affirme que tout le monde est appelé à être engagé dans le service. Ce sacerdoce de tous les croyants est d'abord un principe christologique. Une juste compréhension du sacerdoce universel implique non seulement que tous ont un accès direct à Dieu sans avoir à passer par un

---

[3] Cf. par exemple : Frank Holbrook, *The Atoning Priesthood of Jesus Christ*, Berrien Springs, Adventist Theological Society, 1996 ; Leslie Hardinge, *With Jesus in His Sanctuary. A Walk Through the Tabernacle Along His Way*, Harrisburg, American cassette ministries, 1991.
[4] Ellen White déclare : « Le mandat du Seigneur aux disciples incluait tous les croyants. Il inclut tous les croyants en Christ jusqu'à la fin des temps. C'est une erreur fatale de supposer que le travail de salut des âmes ne dépend que des ministres ordonnés » (*The Desire of Ages*, Mountain View, Pacific Press, 1898, p. 822).

médiateur humain. Nous sommes tous appelés à être « un saint sacerdoce pour offrir des sacrifices spirituels, agréés de Dieu, par Jésus-Christ » (1P 2.5), à nous offrir comme « sacrifice vivant, saint et agréable à Dieu » (Rm 12.1). L'Eglise est le rassemblement de ceux qui sont unis au Christ et le fait d'être engagés envers Christ nous rend participants à son sacerdoce. Nous sommes tous des prêtres consacrés par le baptême. C'est pourquoi c'est aussi un principe ecclésiologique : être un prêtre avec le Christ. Notre rôle est de présenter Dieu dans le monde (parole, témoignage, service) et de présenter le monde à Dieu (prière)[5]. C'est le privilège, mais aussi la responsabilité de tous les chrétiens. Personne ne peut être exempté de cette mission, mais personne ne peut le faire seul. Nous avons besoin les uns des autres. Tout le peuple de Dieu est appelé à servir, et chaque croyant est censé être engagé dans le ministère[6].

Le ministère, une dynamique eschatologique

L'espace et le temps sont les deux domaines d'action pour le ministère. Le ministère est nécessaire pour partager l'Evangile jusqu'aux extrémités de la terre (l'espace), afin de préparer autant de disciples que possible pour la fin des choses terrestres (le temps), lors de l'avènement du Seigneur. Tout ministère en phase avec la Bible est nécessairement un ministère adventiste, c'est-à-dire que la ligne directrice de tout engagement au service de Dieu a pour dessein de préparer le retour de Jésus.

Les besoins de notre siècle sont nombreux et on peut espérer que le ministère de l'Eglise porte sur de nombreux aspects, mais une priorité du ministère, pour les laïcs comme pour les pasteurs, est de préparer la venue du Royaume, dans sa double réalité du « déjà là » et du « pas encore ». Il est essentiel d'être engagés aujourd'hui pour faire grandir le royaume spirituel afin d'être prêts demain à accueillir et à participer au royaume de gloire. Comme George Knight l'affirme, « L'espoir est ce dont les gens ont le plus besoin. [...] Notre époque a besoin d'entendre ce que nous pourrions penser comme un message néo-apocalyptique qui apporte l'espérance dans le Christ. [...] Mais la force motivationnelle de cette néo-apocalyptique est l'amour plutôt que la peur[7] ». Cette dynamique eschatologique du ministère se doit donc d'être vécue d'une manière équilibrée,

---

[5] Laurent Schlumberger, « Le sacerdoce universel au cœur de l'Eglise synodale », in Eglise Réformée de France (éd.), *Ministères*, Valence, Réveil, 2000, p. 69-79.
[6] Cf. Rex Edwards, *Every Believer a Minister*, Silver Spring, The Ministerial Association, General Conference of Seventh-day Adventists, 1995.
[7] George Knight, *The Apocalyptic Vision and the Neutering of Adventism*, Hagerstown, Review and Herald, 2008, p. 104-105.

consciente des données eschatologiques, mais centrée sur la grâce aimante que nous avons en Jésus.

La dynamique eschatologique du ministère adventiste est liée à l'identité prophétique de l'Eglise, dont la responsabilité est de transmettre le message des trois anges et d'encourager à garder « les commandements de Dieu et la foi de Jésus » (Ap 14.12). Un tel ministère orienté vers l'attente du Royaume contribue à faire de l'Eglise un signe et un avant-goût du règne de Dieu à venir. Cette dimension eschatologique du ministère est étroitement liée à la caractéristique suivante qui évoque l'importance de la mission. Comme Russell Burrill l'affirme : « L'espoir de la parousie, lorsqu'il est correctement utilisé, peut être une étincelle formidable pour aider l'Eglise à se concentrer sur sa responsabilité missionnaire. Si, comme les adventistes le croient, la venue du Christ est proche, il est essentiel de faire rapidement des disciples à travers le monde car la fin de la période de probation est proche[8]. »

Le ministère, une dynamique missionnelle

Dans la Bible, le ministère vise toujours une dynamique missionnelle[9]. Nous pensons souvent à la mission *de l'Eglise*, et c'est juste, mais en même temps il serait plus pertinent de penser à la mission de l'Eglise comme participant à la mission *de Dieu*. La mission de Dieu est de réconcilier ses créatures avec lui. Il est celui qui prend l'initiative de cette mission dès le jardin d'Eden quand il va vers Adam et Eve et adresse la question : « Où es-tu ? ». La Bible entière est centrée sur l'histoire de cette mission de Dieu, qui est parfois appelée et considérée comme le plan du salut. Tout ministère n'est pertinent que s'il est considéré comme une participation et une contribution à la mission de Dieu.

Envisager le ministère dans une dynamique missionnelle implique que plutôt que d'avoir une approche attractionnelle du ministère, c'est une approche incarnationnelle qui va être favorisée. Cela implique de sortir de nos zones de confort, comme Jésus l'a fait, pour vivre et partager l'Evangile avec les gens dans le besoin. Le mandat missionnaire dans l'évangile de Matthieu est une invitation à aller faire des disciples, précédé et suivi par l'affirmation que Jésus a tout

---

[8] Russell Burrill, *Recovering an Adventist Approach to the Life and Mission of the Local Church*, Fallbrook, Hart Books, 1998, p. 48.
[9] Le néologisme *missionnel* est apparu en 1998 (Darrell Guder (éd.), *Missional Church*, Grand Rapids, Eerdmans, 1998). Voir aussi Craig Van Gelder (éd.), *The Missional Churh in context*, Grand Rapids, Eerdmans, 2007. Il a été proposé à cause d'une sorte d'embarras avec le mot *missionnaire* et sa connotation pas toujours très positive du fait des réalités historiques et coloniales, mais aussi comme découlant d'une conception de la missiologie où la mission n'est pas seulement un aspect de l'ecclésiologie mais au contraire où la missiologie, pensée comme étant la mission de Dieu (*Missio Dei*) constitue le paradigme global de la théologie et en particulier de l'ecclésiologie.

pouvoir, et qu'il est là tout le temps (Mt 28.16-20). Le mandat donné par Jésus dans l'évangile de Jean exprime d'une manière complémentaire cette réalité d'être envoyé, afin de continuer ce que Jésus a accompli, poursuivant ainsi le ministère de son Père : « Comme le Père m'a envoyé, moi aussi je vous envoie » (Jn 20.21). Le mandat missionnaire rapporté par Luc dans le livre des Actes est une promesse faite par Jésus que nous serons ses témoins, en partenariat avec l'Esprit, et une invitation à l'élargissement : « Vous allez recevoir une puissance, le Saint-Esprit survenant sur vous, et vous serez mes témoins à Jérusalem, dans toute la Judée et en Samarie, et jusqu'aux extrémités de la terre » (Ac 1.6-8). Non seulement le ministère a nécessairement une dynamique missionnaire, mais cette caractéristique missionnaire implique d'accepter la responsabilité d'aller, d'être envoyé, et de témoigner en élargissant ainsi nos espaces relationnels et géographiques. Très souvent, l'évangélisation est considérée comme un processus de l'extérieur vers l'intérieur, les croyants invitent les croyants à se joindre à eux dans l'Eglise. Ceci est parfois utile, mais ne suffit pas : une dynamique missionnelle du ministère n'est pas un retrait du monde, mais en étant enracinés dans notre identité, cela implique « d'élargir l'espace de notre tente et de déployer les toiles de nos demeures » (Es 54.2). Mission et évangélisation ne sont pas réservées à certains spécialistes, à certains moments, à certains endroits. C'est la responsabilité de chaque croyant et de toute l'Eglise. La vie de chaque croyant, de même que tous les aspects et tous les départements de l'Eglise ont vocation à être missionnels.

Le ministère, une dynamique de service

Dernier point concernant le ministère en général, mais pas le moindre : le ministère implique une dynamique de service. Comme évoqué, l'origine du mot *ministère* est la traduction du mot grec *diakonia* qui signifie « service ». Tout ministère devrait donc être considéré en fonction de cette dynamique de service.

Juste avant que Jésus n'envoie ses disciples en mission selon Matthieu 10, le texte dit : « Quand Jésus vit la foule, il fut ému de compassion pour elle, parce qu'elle était languissante et abattue, comme des brebis sans berger » (Mt 9.36-37). C'est pourquoi des ouvriers sont nécessaires dans sa moisson. Jésus envoie ses disciples pour un service de compassion. D'ailleurs, ce discours d'envoi en mission de Jésus est très riche, et voici comment il se termine : « Quiconque donnera à boire ne serait-ce qu'une coupe d'eau fraîche à l'un de ces petits en sa qualité de disciple, je vous le dis en vérité, il ne perdra jamais sa récompense » (Mt 10.42). Quelle que soit la richesse et la complexité du ministère, le service est essentiel. D'une certaine manière, le ministère commence par quelque chose d'aussi simple que le don d'une coupe d'eau fraîche.

C'est ce que Jésus a si magnifiquement illustré dans sa propre vie. Il a servi l'humanité à un point tel, qu'il est mort pour nous. Il a mis en pratique ses propres mots : « Celui qui veut devenir grand parmi vous sera votre serviteur, et celui qui veut être le premier parmi vous sera votre esclave. C'est ainsi que le Fils de l'homme n'est pas venu pour être servi, mais pour servir, et donner sa vie comme rançon pour libérer une multitude de gens » (Mt 20.26-28). Pour Jésus, être engagé dans le ministère implique de développer une mentalité de laveurs de pieds. Ce n'est pas toujours très attrayant mais c'est l'esprit de service. Les adventistes ont le privilège d'être pratiquement les seuls qui continuent à pratiquer le geste symbolique du lavement des pieds pendant la communion, et cela devrait aider à ne jamais oublier que le ministère n'a de sens que si les ministres sont au service du Christ ; et servir Christ c'est servir les plus petits autour de nous (Mt 25.31-46).

Le ministère implique de servir à la fois les personnes qui sont déjà dans l'Eglise, mais aussi les personnes qui n'y sont pas encore. Comme Gottfried Oosterwal le dit : « L'efficacité du message de l'Eglise et de sa mission n'est pas seulement déterminée par sa croissance numérique et son développement géographique, ni par sa force institutionnelle et ses structures organisationnelles, ses ressources financières et sa présence universelle dans le monde. L'efficacité du ministère de l'Eglise est plutôt mesurée par la façon dont il a changé les gens et influencé la société, par la manière dont l'Eglise les a aidé à travers l'amour, la paix et la liberté qu'elle a apportée[10]. » Quel que soit le ministère, et quelles que soient ses spécificités, il devrait toujours être un ministère de service.

Si le ministère en général gagnerait donc à être à la fois collectif, eschatologique, missionnel et axé sur le service, le ministère pastoral est donc aussi concerné par ces aspects. Néanmoins la question qui se pose est de savoir quelles sont les spécificités du ministère pastoral ? Pour considérer cette question, il sera utile de commencer par montrer les tensions bibliques et historiques qui sont inhérentes à l'émergence et au développement d'un ministère pastoral spécifique à temps plein.

L'émergence et le développement du ministère pastoral

Les différents termes utilisés dans le Nouveau Testament montrent clairement qu'il existe un leadership reconnu dans l'Eglise primitive. A Rome et à Thessalonique, il y a des **dirigeants** (*proistamenoi*, « ceux à la tête ») ; à Corinthe, il est un don de **gouvernement** (*kubernēsis*, « pilote »), et dans certaines autres

---

[10] Gottfried Oosterwal, « The Seventh-day Adventist Church in the World Today », in Robert Firth (éd.), *Servants for Christ*, Andrews University Press, 1980, p. 3.

Eglises nous trouvons des **conducteurs** (*hēgoumenoi*, évoquant la position du guide qui indique la direction par son exemple, son influence ou son conseil). Mais les mots qui reviennent le plus souvent sont : **apôtre** (*apostolos*, qui signifie littéralement « envoyé » ; les apôtres sont ceux qui sont les témoins et ont donc l'autorité de diriger) ; **ancien** (*presbuteros*, qui évoque la dignité de la fonction), et **évêque** (*episkopos*, qui désigne la fonction, la supervision). Le terme **pasteur** (*poimēn*, « berger ») est mentionné également, mais s'il est aujourd'hui très communément utilisé, il est très rare dans le Nouveau Testament. Beaucoup plus présente est la famille de mots liés à la diaconie (*diakonia*, « service ») qui peut désigner les **diacres**, mais aussi le service en général. Tous ces termes, cependant, ne semblent pas nécessairement définir des fonctions différentes. Ils sont très souvent interchangeables ou équivalents.

Le modèle de leadership de l'Eglise primitive n'est pas mis en place dès le début avec un schéma clair et définitif. Alors que l'Eglise naît et grandit, les communautés chrétiennes sont à la recherche d'un fonctionnement satisfaisant. Des approches différentes se développent qui dépendent du contexte et de la situation de chaque Eglise. Les auteurs du Nouveau Testament signifient par leur vocabulaire varié et leurs affirmations non-normatives sur le sujet que la conception du leadership ecclésial a été le fruit d'un processus dès le début[11].

Une autre observation s'impose : sauf quand il s'agit d'énumérer les qualités individuelles, les termes d'anciens ou d'évêques sont toujours au pluriel dans le Nouveau Testament. Il y a des dirigeants à temps plein dans l'Eglise primitive, mais ils sont insérés dans le leadership global et collégial de l'Eglise. Et s'il y a des fonctions différentes, des dons et des responsabilités différentes, il n'y a pas de distinction claire entre le clergé et les laïcs[12]. Nous pouvons parler de ministres à temps plein dès les débuts de l'Eglise mais la notion de clergé est absente.

---

[11] Cf. Charles Perrot, *Après Jésus. Le ministère chez les premiers chrétiens*, Paris, Editions de l'Atelier, 2000. Il montre très bien dans une étude exégétique approfondie et très riche les différents aspects de ce processus.

[12] Le fait de définir et de comprendre le ministère dans l'Eglise primitive est important, complexe et débattu. Il est en effet légitime de chercher à ancrer l'approche d'aujourd'hui en fonction du modèle de l'Eglise primitive, mais il apparaît qu'il est difficile de discerner un schéma clair et reproductible. Cela ne signifie pas qu'il ne vaille pas la peine de chercher des principes qui pourront aider à tendre vers une approche pertinente dans la situation contemporaine. Du fait des limites de cet article, je ne détaillerai pas plus cette question, mais d'excellents travaux existent sur le sujet. En plus de l'étude de Charles Perrot déjà mentionnée, voir par exemple Hermann Hauser, *L'Eglise à l'âge apostolique. Structure et évolutions des ministères*, Paris, Cerf, 1996 ; Alfred Kuen, *Ministères dans l'Eglise*, St-Légier, Emmaüs, 1983. Dans la littérature adventiste, voir par exemple Russell Burrill, *Recovering an Adventist Approach to the Life and Mission of the Local Church*, Fallbrook, Hart Books, 1998.

Peu à peu, trois postes de direction sont mis en place et reconnus : évêque, ancien et diacre, mais ce modèle ne figure pas comme tel dans le Nouveau Testament. Ce ne sera le cas qu'à partir du moment où le baptême et la communion vont être considérés comme des sacrements, et seuls les évêques seront à même de les administrer. Ceci est gérable tant que l'Eglise reste petite. D'ailleurs, le terme *prêtre* est donné à l'évêque, mais pas aux autres postes de direction, et encore moins à chaque croyant. C'est au cours du troisième siècle qu'un *ordo ecclesiasticus* est mis en place. C'est ainsi que les évêques, les anciens et les diacres sont mis à part et payés en tant que ministres à plein temps. Au quatrième siècle, avec le décret impérial, les païens affluent dans l'Eglise et comme dans leurs anciens cultes, ils dépendent entièrement des autorités ecclésiastiques. Les seuls évêques ne peuvent faire face et les anciens sont donc décentralisés pour devenir des mini-évêques (*sacerdotes*), acquérant la fonction de prêtre et pouvant administrer les sacrements mais seulement *secundi ordinis*. Cette organisation hiérarchique, qui ne correspond pas au modèle néotestamentaire, est toujours en place dans l'Eglise catholique d'aujourd'hui, avec les évêques qui dirigent des zones géographiques (le diocèse), les prêtres qui dirigent les différentes Eglises ou paroisses, et les diacres qui les assistent, tous payés pour ce ministère à plein temps.

Au cours de l'histoire, il y a eu différentes tentatives pour réformer cette structure et revenir à un modèle plus biblique, ou du moins en tendant à diminuer l'écart entre le clergé et les laïcs. Ce n'est qu'à la Réforme que ce désir a en quelque sorte plus ou moins abouti. Luther écrit : « Tous les chrétiens appartiennent à l'état ecclésiastique, il n'y a pas de différence, si ce n'est celle de la fonction[13]. » Le ministère devient accessible à tout croyant, en théorie, mais pour de nombreuses raisons liées à la politique, au fanatisme et à l'état spirituel des chrétiens touchés par des siècles d'obscurantisme, Luther ne peut jamais vraiment passer de la théorie à la pratique.

Qu'en est-il de l'adventisme ? Nous ne pouvons pas oublier que la première impulsion décisive a été donnée par William Miller, un simple fermier issu d'une famille pieuse et modeste, un laïc. Un autre personnage important pour le développement du mouvement, Ellen White, est une femme laïque. Mais nous ne pouvons pas nier le fait que, très rapidement, de nombreux pasteurs de différents horizons (presbytériens ou épiscopaliens) ont rejoint le mouvement et ont joué un rôle important. Peu après 1844, les adventistes sont d'abord restés hostiles à toute forme d'organisation. C'était pour eux incompatible avec la liberté de l'Evangile. Les liens de l'amour fraternel étaient, à leur avis, suffisants

---

[13] Martin Luther, « A la noblesse chrétienne de la nation allemande », in *Œuvres*, Paris, Gallimard, La Pléiade, 1999, p. 595.

pour maintenir le corps, en particulier car ils pensaient que la seconde venue est proche. Mais le temps passant, ils ne pouvaient pas rester ainsi. Il est vrai qu'à cette époque, rien n'était vraiment organisé et les menaces de scission étaient réelles. Des assemblées générales se sont imposées à partir de 1860 afin de partager les territoires des prédicateurs et de leur fournir un salaire. En 1861, une lettre de créance a été donnée à chaque prédicateur. Cependant, à cette époque, Ellen White désirait que les prédicateurs rémunérés restent des évangélistes itinérants. Le soin pastoral et l'organisation des communautés locales devaient être accomplis par les membres laïcs.

Cette vision initiale de communautés locales dirigées par des laïcs avec des ministres à plein temps itinérants et consacrés à l'évangélisation n'est pas seulement due au fait que les premiers adventistes étaient peu nombreux, mais c'était une approche délibérée. Au départ, l'Eglise adventiste a été volontairement organisée pour fonctionner comme l'Eglise du Nouveau Testament[14]. Peu à peu, le besoin s'est fait sentir d'un leadership à temps plein dans les Eglises locales et Ellen White a fini par le recommander, dans un premier temps dans les grandes villes, puis dans d'autres territoires. La position des débuts de l'Eglise adventiste en général et la pensée d'Ellen White sur cette question en particulier ont donc évolué. Mais au final, comme le dit John Fowler, « la vision qu'Ellen White a du ministère est équilibrée. Alors que le pasteur peut avoir tendance à faire de l'Eglise son centre d'attention principal, son objectif est à la fois de prendre soin et d'évangéliser, en perfectionnant les membres dans le Christ et en les formant au témoignage[15] ». L'organisation de l'Eglise va changer au fil du temps pour s'adapter aux circonstances, mais au niveau de l'Eglise locale, les choses ont très peu changé, les membres élisant des responsables du milieu d'eux, y compris des anciens et des diacres. Cependant, il est significatif que le pasteur, seul, ne soit pas élu par l'assemblée locale ; il est envoyé et payé par la fédération, qui décide de sa consécration.

Le ministère pastoral adventiste

Ce résumé historique illustre à quel point il existe des conceptions différentes concernant le ministère pastoral, dans sa conception même ou dans les rapports entre ministère pastoral et ministère laïc. Même s'il existe une disparité d'opinions, la majorité pourrait probablement s'accorder d'une part sur le fait qu'il n'y a aucune différence d'essence et de valeur entre les différentes formes de ministère, et d'autre part qu'un ministère spécial est utile et nécessaire pour

---

[14] Russell Burrill, *op. cit.*, p. 151.
[15] John Fowler, *Adventist Pastoral Ministry*, Boise, Pacific Press, 1990, p. 189.

diriger l'Eglise[16]. Tout en redisant l'importance du ministère de tous, je veux néanmoins maintenant me centrer sur ce qui fait la spécificité du ministère pastoral. Pourquoi est-il utile qu'il y ait des pasteurs, et quelles sont leurs fonctions essentielles ?

Raphaël Picon observe que nous définissons souvent le ministère pastoral de trois façons : le faire du pasteur, l'être du pasteur, son statut. Mais aucune d'elles n'est satisfaisante et le risque est de confiner le pasteur à un rôle, dans le sens négatif du terme : quelqu'un qui joue à être et à faire ce qui est attendu. C'est pourquoi Picon, afin d'éviter la chosification du ministère, préfère considérer le ministère pastoral à partir des fonctions qu'il exerce. Il affirme :

> « L'un des apports des Réformateurs fut justement d'avoir renoncé à un état clérical pour une fonctionnalité pastorale. Le pasteur ne l'est pas en vertu d'un état qui serait devenu le sien ou de son appartenance à un ordre spécifique, mais en vertu de la fonction qu'il exerce[17]. »

Dans la lignée de ces pensées, je trouve donc intéressant de considérer le pastorat selon les fonctions les plus importantes qui dessinent les contours des spécificités du ministère pastoral. Il est vrai qu'une approche purement fonctionnelle peut également avoir certains risques, et il est toujours fondamental de considérer tout un chacun avec l'originalité qui le définit et la vocation spécifique reçue par Dieu. En effet, comme le dit Richard Bergeron,

> « Quand la fonction occupe toute la place, le sujet disparaît ; c'est la dernière étape du processus de cléricalisation. Le "je" s'est retiré frileusement dans les derniers replis de l'être, et la conscience devient un territoire occupé par un personnage étranger. Le sujet ne se définit plus en rapport avec son moi intérieur ; il s'identifie à sa fonction. Il n'a plus de nom propre ; il porte celui de sa fonction[18]. »

C'est pourquoi, il est important d'équilibrer une approche fonctionnelle en valorisant chaque personne, chaque ministre, pour ce qu'il est, sans oublier de considérer l'appel qui induit son ministère. Ceci étant, les fonctions spécifiques d'un pasteur sont ce qui donne un sens et une légitimité à l'identité du ministère pastoral. C'est parce que le pasteur a reçu un appel de Dieu et a été formé qu'il peut avoir une responsabilité ministérielle spécifique qui l'engage à assumer des fonctions pastorales. Un signe de la reconnaissance de cette réalité sera, parmi d'autres, la consécration qui est à la fois une façon de demander à Dieu de bénir un ministère spécial et la reconnaissance par l'Eglise qu'une personne démontre

---

[16] André Birmelé, *Eglise*, Genève, Labor et Fides, 2001, p. 41.
[17] Raphaël Picon, *Ré-enchanter le ministère pastoral. Fonctions et tensions du ministère pastoral*, Lyon, Olivétan, 2007, p. 23.
[18] Richard Bergeron, *Les pros de Dieu. Le prêtre, le théologien, le religieux*, Montréal, Médiaspaul, 2000, p. 47.

l'aptitude à pleinement servir Dieu et son Eglise. Cinq fonctions me semblent essentielles au ministère pastoral.

La fonction formatrice du ministère pastoral

Une des principales responsabilités que les pasteurs devraient prendre en charge est d'encourager, aider, équiper et former chaque croyant à assumer la vocation de servir. Les pasteurs n'ont pas la charge de faire tout le travail eux-mêmes, mais de sensibiliser et de former toute l'Eglise pour être en mesure d'accomplir sa tâche. Comme le dit Paul, le rôle des dirigeants est de « préparer le peuple de Dieu pour l'œuvre du ministère » (Ep 4.12). Le ministère ici est non seulement conçu comme visant la bonne marche de la vie de l'Eglise dans ses activités habituelles – ceci est très important et nécessaire – mais les pasteurs comme formateurs devraient envisager leur tâche comme un encouragement à tous les croyants à vivre comme de vrais disciples qui suivent Jésus-Christ, témoignant aux incroyants et servant ceux qui en ont besoin partout et à tout moment.

Lesslie Newbigin, parlant de la responsabilité des pasteurs et des dirigeants de l'Eglise, insiste sur le fait que toute l'Eglise est appelée à être dans le Christ un sacerdoce royal, ministère qui doit être exercé dans la vie quotidienne des chrétiens et dans leur travail séculier dans le monde. Mais, selon lui, « cela n'arrivera pas, à moins qu'il y ait un sacerdoce ministériel qui sert, nourrit, soutient et oriente ce travail sacerdotal[19] ». Et le missionnaire théologien britannique propose une métaphore pour soutenir son idée qui est très intéressante :

> « Les hommes et les femmes ne sont pas ordonnés dans le sacerdoce ministériel dans le but de s'approprier le sacerdoce en en privant les membres, mais pour nourrir et soutenir la prêtrise des croyants. Tout comme on observe un jour de la semaine comme "Jour du Seigneur", non pas pour que les six autres jours soient laissés au diable, mais afin qu'ils puissent tous appartenir au Seigneur ; de la même manière, nous mettons à part un homme ou une femme en vue d'un sacerdoce ministériel qui n'a pas pour but de priver tout le corps du sacerdoce mais au contraire de le rendre possible[20]. »

Cette fonction pastorale de former et d'équiper implique de considérer les laïcs comme très importants dans le processus de croissance de l'Eglise. Jésus lui-même a passé la plupart de son temps à la formation des douze afin de multiplier l'efficacité du ministère plutôt que de chercher à recueillir toute l'attention sur lui. Bien sûr, comme Jésus l'a fait, les pasteurs doivent être des exemples et engagés dans de nombreuses tâches, y compris des actions discrètes et peu

---

[19] Lesslie Newbigin, *The Gospel in a Pluralist Society*, Grand Rapids, Eerdmans, 1989, p. 235.
[20] *Ibid.*

gratifiantes, et quand ils sont à l'avant, cela devrait l'être avec un esprit de service. C'est au pasteur d'aider les laïcs et non aux laïcs d'aider les pasteurs. Ellen White avait déjà évoqué des idées allant dans le même sens :

> « Dès qu'une Eglise est organisée, que le pasteur mette les membres au travail. Ils devront être enseignés à travailler avec succès. Que le pasteur consacre davantage de son temps à l'éducation qu'à la prédication. Qu'il apprenne aux gens comment donner aux autres les connaissances qu'ils ont reçues[21]. »

La fonction représentative du ministère pastoral

Une juste conception du ministère pastoral implique que les dirigeants représentent Dieu, son caractère, sa volonté vis-à-vis de ceux qu'ils peuvent influencer[22]. Par la nature de leur ministère, leur vocation et leur leadership reconnus dans l'Eglise, les pasteurs ont la vocation de refléter l'action de Dieu pour le monde. Dans le même temps, les pasteurs sont considérés par la communauté comme leurs figures de proue et en tant que tels, ils ont un rôle symbolique de représentation de l'Eglise et des croyants. Paul Avis évoque cela en parlant d'un « paradoxe intrinsèque au ministère : il est divin mais aussi humain. Une façon de gérer ce paradoxe est de considérer le ministère comme représentatif du Christ et de son Eglise. [...] La représentation est le concept qui permet de faire le lien[23] ».

Jésus est le seul médiateur entre Dieu et ses créatures. Par conséquent, les pasteurs ne représentent pas Dieu dans un sens de vicaire, en prenant la place d'un Christ absent, mais ils sont les instruments de Dieu qui contribuent à rendre Jésus plus perceptible et plus présent. Ce n'est pas le fruit de qualités personnelles, mais cela est rendu possible par le moyen de la grâce et de la vocation. « Le concept de représentation évite le double écueil de la théologie des ministères : soit identifier le pasteur consacré avec le Christ lui-même, au détriment des laïcs, soit séparer le Christ du corps, dans un réductionnisme ecclésiologique[24]. »

La fonction représentative du ministère pastoral crée une double distance : entre le Christ et le pasteur, mais aussi entre le pasteur et la communauté. Un pasteur sait qu'il ne remplace pas le Christ, même s'il doit être aussi proche que possible de lui afin de re-présenter (présenter encore et encore) le Christ à l'Eglise et au monde. Dans le même temps, un pasteur sait qu'il fait totalement partie de l'Eglise, et il a la responsabilité de re-présenter sans cesse l'Eglise à

---

[21] Ellen White, *Gospel Workers*, Washington, Review and Herald, 1915, p. 190.
[22] Ellen White, *The Acts of the Apostles*, Mountain View, Pacific Press, 1911, p. 87-96 ; Cindy Tutsch, *Ellen White on Leadership. Guidance for Those Who Influence Others*, Boise, Pacific Press, 2008, p. 144.
[23] Paul Avis, *A ministry shaped by mission*, London, T&T Clark, p. 70.
[24] *Ibid.*, p. 72.

Dieu du fait de sa vocation et de la reconnaissance de son leadership par l'Eglise. La relation entre le Christ, l'Eglise et les pasteurs est donc triangulaire et l'axe de la relation entre les pasteurs et la communauté est de l'ordre de la corrélation. Comme André Gounelle le dit : « Il n'y a pas de subordination, de sujétion ou de soumission dans un sens ou dans l'autre, mais une correspondance, une corrélation, un accord qui trouve sa possibilité et sa source dans l'obéissance commune au Christ[25]. » Oui, les pasteurs ont un rôle de représentation, et une charge symbolique pèse donc sur leurs épaules, mais la relation que les membres d'Eglise ont directement avec Christ induit un regard légitimement critique de leur part vis-à-vis du ministère pastoral. La relation pasteur-membre n'est pas censée être hiérarchique, ce qui n'empêche pas que Dieu puisse agir notamment à travers les pasteurs qui peuvent contribuer à la manifestation de la présence du Christ dans l'Eglise.

La fonction théologique du ministère pastoral

Il est possible d'être un théologien sans être un pasteur, mais pas d'être un pasteur sans être théologien. La fonction théologique est essentielle car elle ancre le ministère pastoral sur le fondement qu'est la Bible. Les pasteurs sont appelés à être des hommes et des femmes de la Parole. Comme Paul exhorte Timothée, les pasteurs doivent garder le bon dépôt comme le modèle de saines paroles (2Tm 1.13-14). La valeur ajoutée du ministère pastoral en comparaison avec le ministère général des laïcs doit être visible dans l'aptitude à connaître, à partager, à expliquer et à prêcher la Parole de Dieu avec pertinence et excellence. En tant que théologien de la proclamation, un pasteur agira comme un témoin de Dieu, et le fait d'être un témoin est bibliquement l'essence même de l'apostolicité. Comme Gordon Biez l'a déclaré : « L'avenir du ministère adventiste doit être un avenir de la théologie. Etre des spécialistes dans le partage de la Parole de Dieu est la seule justification valable pour notre existence en tant que professionnels[26]. »

Il n'y a pas d'opposition entre la théologie et la spiritualité. C'est pourquoi la tâche théologique du ministère pastoral ne devrait pas être l'enseignement sec et aride avec un accent exclusif sur la rationalité. Avec une approche équilibrée, un pasteur en tant que théologien cherchera à combiner étude approfondie et sérieuse de la Bible avec les réalités contextuelles, expérientielles et spirituelles. « Si nous refusons notre rôle en tant que théologiens, notre prédication portera surtout sur la promotion et la persuasion, et nos sermons seront conçus juste

---

[25] André Gounelle, « Le ministre et la communauté », *Etudes théologiques et religieuses* 63 (1988/2), p. 248.
[26] Gordon Biez, « The Future of the Adventist Ministry », *Ministry*, February 1980, p. 11.

pour faire bonne impression afin de gagner l'admiration des auditeurs[27]. » Etre un théologien invite le pasteur à ne pas se concentrer sur sa propre vision et ses idées, mais sur Dieu et sa Parole comme la base de son ministère.

La fonction accompagnante du ministère pastoral

Même si les pasteurs ont une vocation unique, une formation spécifique et des responsabilités particulières, leur ministère ne peut être efficace et puissant que s'ils acceptent d'accompagner les croyants et les chercheurs spirituels dont ils sont appelés à prendre soin. Dieu a décidé d'habiter au milieu de son peuple lorsqu'en plein exode il a fait construire le tabernacle au centre du camp. Dieu a décidé d'habiter au milieu de son peuple à travers Jésus-Christ qui accompagnait toute personne rencontrée en fonction de ses besoins. De la même manière, les pasteurs gagneraient à être au cœur de l'Eglise, travaillant avec les membres et prenant soin des gens. L'incarnation propose un principe qui est lié à la fonction accompagnante du ministère pastoral. L'exemple de Jésus, acceptant la nature humaine dans sa plénitude, modélise pour les pasteurs l'importance d'être avec les gens, de partager avec eux, de vivre leur vie, manifestant de l'intérêt pour leurs préoccupations, priant pour eux et avec eux, participant totalement à la vie et au témoignage de l'Eglise.

Un pasteur n'a pas vocation à tout faire par lui-même, et la meilleure façon d'élargir le ministère de l'Eglise est de pouvoir compter sur tout le monde. Mais le plus souvent, cela ne peut être possible que si le pasteur ouvre la voie, montre l'exemple et contribue à une véritable et fraternelle collaboration.

Fréquemment, le pasteur est littéralement et physiquement face à l'Eglise, quand il prêche par exemple. Ce n'est pas mauvais en soi, mais cela pourrait illustrer une conception du ministère où le pasteur est considéré comme le centre de l'attention de la communauté. Au contraire, s'il est normal qu'un pasteur soit physiquement devant et face aux croyants rassemblés, son attitude et son ministère devraient témoigner symboliquement qu'il est peut-être devant, mais montrant son dos à la communauté, comme pour signifier qu'il est comme eux en marche à la suite du Christ, accompagnant les gens autour de lui, les invitant à suivre Jésus, le seul dont tous souhaitent être les disciples.

La fonction dirigeante du ministère pastoral

Le leadership, c'est avoir une influence. Le grand leader qui, nous l'espérons, a une influence sur tous les croyants et sur tous, c'est Dieu. Mais après lui, les

---

[27] John Fowler, *op. cit.*, p. 85.

pasteurs sont appelés à exercer une influence en vue d'amener les gens à Jésus et de les aider à vivre selon ses valeurs. Il peut être utile, dans une perspective ministérielle, de faire la différence entre le don de leadership et la fonction de leadership. Certains peuvent avoir des capacités instinctives de leadership et ce sera un avantage pour le ministère pastoral, mais en tant que pasteurs, même si l'on n'a pas une disposition naturelle, il importe de faire face à la nécessité d'être un leader et, à n'en pas douter, Dieu sera là pour aider à développer cette aptitude du fait de la fonction. Une définition bien connue du leader chrétien donnée par Robert Clinton insiste d'une certaine manière sur ces deux aspects qu'il appelle respectivement la capacité et la responsabilité. « Un leader chrétien est une personne avec une capacité donnée par Dieu et une responsabilité donnée par Dieu pour influencer un groupe spécifique du peuple de Dieu vers les desseins de Dieu[28]. » Bien sûr, puisque le leadership chrétien est conçu sous l'autorité de Dieu, il n'y a pas de dichotomie entre le don et la fonction, la capacité et la responsabilité.

Il est également important de ne pas oublier que le leadership n'est pas statique mais dynamique, ce n'est pas seulement une condition, mais un processus. « L'émergence du leadership est un processus de vie dans lequel Dieu intervient sans cesse de façon cruciale en vue de façonner le leader vers les buts qu'il a pour lui[29]. »

Etre un leader implique aussi de se concentrer sur les objectifs essentiels pour lesquels on a été appelé. Ce n'est pas en étant « plus occupé que Jésus[30] » qu'un leadership pastoral efficace se manifestera. Il est nécessaire de déterminer les priorités dans ce qu'on peut appeler un « leadership ciblé[31] ». Cela permettra au ministère pastoral d'être visionnaire, en ne perdant jamais de vue la perspective de Dieu pour l'Eglise et pour le leader lui-même.

---

[28] Robert Clinton, *The Making of a Leader*, Colorado Springs, Navpress, 1988, p. 245.
[29] *Ibid.*, p. 39. Clinton identifie six étapes dans le processus d'être un leader : (1) les fondations souveraines, (2) la croissance de vie intérieure, (3) la maturation du ministère, (4) la maturation de vie, (5) la convergence, (6) la postluminescence (p. 39-45). Erich Baumgartner met aussi en évidence cette importance du développement du leadership : « Si le Fils de Dieu a considéré le développement du leadership comme une priorité importante et qu'il a consacré les trois ans et demi de son ministère public à cela, l'Eglise devra en prendre note. Sans cette dimension stratégique, n'importe quelle vision de la mission va rapidement s'épuiser » (« Needs for Leadership and Training », in Erich Baumgartner (éd.), *Re-Visionning Adventist Mission in Europe*, Berrien Springs, Andrews University Press, 1998, p. 198).
[30] James Cress, *Common Sense Ministry. A Blueprint for Successful Laity and Pastoral Leadership*, Silver Spring, Ministerial Association Resource Center, 1999, p. 5.
[31] Robert Dale, *Leading Edge. Leadership Strategies from the New Testament*, Nashville, Abingdon Press, 1996, p. 36-47.

Il existe différents types de leadership. Même si la façon de faire la distinction entre cette variété de styles est débattue, il y a un accord général sur cette réalité. Kurt Lewin a été un pionnier en la matière en distinguant trois styles principaux de leadership : autoritaire, participatif, par délégation[32]. D'autres ont proposé des typologies alternatives[33] mais quelle que soit la catégorisation choisie, il est important de garder à l'esprit qu'un pasteur n'est pas nécessairement appelé à diriger de la même manière qu'un autre pasteur. En outre, un pasteur ne dirige pas toujours avec le même style en fonction de l'Eglise, du projet, des gens avec lesquels il travaille, ou du domaine du ministère. Mais si la capacité de développer des styles alternatifs de leadership peut enrichir le ministère, il y a un élément constant à propos du leadership pastoral afin d'être fidèle à la vision de Dieu et à la Bible : le leadership chrétien doit toujours être un leadership de service.

Conclusion : ambassadeurs de Jésus-Christ

Le ministère est riche et multiforme. Il est d'abord le privilège et la responsabilité de chaque croyant, destiné à être accompli collectivement, avec l'objectif de préparer le retour de Jésus, selon une vision missionnelle, et avec un esprit de service. Cette compréhension générale du ministère n'exclut pas certains ministères spécifiques, en particulier le ministère pastoral. Les données bibliques et le témoignage de l'histoire montrent l'utilité et l'importance du ministère pastoral, mais aussi ses limites quand il n'est pas conçu de façon équilibrée. Les pasteurs peuvent gagner à concentrer leur ministère sur les fonctions essentielles, telles que former et équiper les membres d'Eglise, représenter Dieu et son Église, théologiser et laisser l'Ecriture parler, accompagner tout un chacun dans un chemin de disciple, et assumer un leadership conforme à la volonté de Dieu. Si tous sont invités à participer au ministère de la réconciliation initié par Dieu dans le Christ, les pasteurs seront les premiers à accueillir l'appel à être des ambassadeurs de Jésus-Christ et de son amour pour tous (2Co 5.11-21).

---

[32] Kurt Lewin, Ronald Lippitt, Ralph White, « Patterns of aggressive behavior in experimentally created social climates », *Journal of Social Psychology* 10 (1939), p. 271-301.

[33] Par exemple Kenneth Blanchard considère que le leadership peut se décliner selon quatre styles : directivité, coaching, soutien, délégation (*Leadership and the One Minute Manager*, New York, William Morrow, 1986, p. 68). Daniel Goleman propose six styles : commandant, visionnaire, affiliatif, démocratique, pacificateur, coach (« Leadership that Gets Results », *Harvard Business Review* (March-April 2000), p. 78-90. Voir aussi Daniel Goleman, Richard Boyatzis, Annie McKee, *Primal Leadership*, Boston, HBS Press, 2002).

Le ministère rédempteur du Christ dans le ciel

Gerhard Hasel[1]

Il y a trois aspects fondamentaux du ministère rédempteur du Christ. Le point central du premier aspect est le sacrifice qui eut lieu, une fois pour toutes (*ephapax*) à la croix. Le sacrifice rédempteur au Calvaire est à la base du deuxième aspect de l'œuvre rédemptrice qui fut inaugurée dans le ciel après l'ascension de Jésus. Ce second aspect comprend deux phases distinctes du ministère dans le sanctuaire céleste en faveur du salut des croyants et de la solution de la grande controverse entre Christ et Satan. Le troisième et dernier aspect de l'œuvre de rédemption se manifestera lorsque Christ paraîtra une « seconde fois » (*ek deuteron*), à ceux qui l'attendent pour leur salut (He 9.28).

Le but de cette étude est d'explorer quelques-unes des idées fondamentales du second aspect du ministère rédempteur qui se déroule entre l'ascension victorieuse et la seconde venue en gloire de Jésus.

La fonction de Christ dans le ministère céleste

La « session » et « l'installation » de Christ dans son ministère céleste

Le Nouveau Testament témoigne à plusieurs reprises qu'après son ascension (Ac 1.9-11) Christ est « assis » (Ep 1.20, 2.6, etc.)[2] ou « s'est assis » (He 1.3,13,

---

[1] Gerhard Hasel, docteur en théologie, a été doyen du *Seventh-day Adventist Theological Seminary* de l'Université Andrews (Michigan, Etats-Unis) où il a enseigné l'Ancien Testament et la théologie biblique jusqu'en 1994, date à laquelle il a perdu la vie dans un accident de la circulation, à l'âge de 59 ans. Cet article de Gerhard Hasel, jamais publié en français, a été écrit suite aux exposés qu'il a faits lors de la Conférence générale de Vienne, en Autriche, en 1975. Il nous a semblé utile de présenter la pensée d'un théologien adventiste traitant, à cette époque, d'un thème aussi complexe que celui du ministère du Christ dans le Sanctuaire céleste.
[2] Voir aussi Mt 26.64 ; Mc 14.62 ; 16.19 ; Ac 2.33 ; 5.31 ; Rm 8.34 ; Col 3.1 ; 1 Pi 3.22 ; Ap 3.21. David Hay, *Glory at the Right Hand. Ps 110 in Early Christianity*, Nashville-New York, 1973.

etc.)³ à la droite de la majesté divine. Selon le « dessein arrêté » (ou prédéterminé) de Dieu, le Seigneur ressuscité (Ac 2.23-24) a été « élevé à la droite de Dieu » (v. 33). Cette élévation et ce ministère à la droite de Dieu[4] sont l'accomplissement du serment divin « de faire asseoir un de ses descendants sur son trône » (v. 30 ; cf. Ps 110.1 ; 2S 7.12-13). Cette élévation et intronisation de Christ accomplit les prophéties de l'Ancien Testament (Ps 110.1 ; 118.16), aussi bien que la prédiction de Jésus lui-même devant ses juges terrestres : « Désormais le Fils de l'homme sera assis à la droite de la puissance de Dieu » (Lc 22.69).

L'intronisation du Christ marqua le début de son ministère céleste. A son intronisation succédèrent son règne et sa glorification[5]. Sur son trône, Christ n'est pas pour autant oisif (1Co 15.25 ; 1R 2.19). Il poursuit une activité ininterrompue de perfectionnement[6]. Quand Christ fut installé sur le trône, il l'a été comme Roi, Prêtre et Prophète[7], afin de commencer le second aspect de son ministère rédempteur, inauguré lors de la descente du Saint-Esprit à la Pentecôte (Ac 2.33), un évènement visible et audible à la fois.

> « Quand Christ entra par le portail céleste, il fut placé sur le trône au milieu de l'adoration des anges. Aussitôt cette cérémonie terminée, le Saint-Esprit descendit sur les disciples avec abondance [...] Cette effusion du Saint-Esprit était le signal que l'inauguration du Rédempteur était terminée [...], que comme prêtre et roi il avait reçu toute l'autorité, dans le ciel et sur la terre, qu'il était l'Oint de son peuple[8]. »

Comment nous faut-il comprendre l'idée exprimée par l'emploi répété de l'expression selon laquelle Christ « est assis » ou « s'assit » ? L'analogie du couronnement d'un roi terrestre peut nous aider sur ce point. Un roi est officiellement intronisé lorsque, lors de la cérémonie du couronnement, il est installé sur le trône royal. Dès lors, il est « sur le trône », bien qu'il soit occupé à diverses activités royales sans être pour autant constamment assis sur le trône.

---

[3] L'aoriste de *kathizō* « assis », dans He 1.3 ; 8.1 ; 10.12 semble souligner l'acte d'entrer en fonction, et l'intronisation du Christ ; le présent dans He 1.12 indique la durée de la session, et le parfait dans He 12.2 exprime l'idée du terme de la session, le résultat présent d'une action passée (Brooke Foss Westcott, *The Epistle to the Hebrews*, Londres, Macmillan and Company, 1892, p. 29.

[4] Walter Grundmann, article « *dexiós* », *Theological Dictionary of the NT*, Grand Rapids, Eerdmans, 1964, vol. II, p. 37-40. (Dorénavant cité TDNT.)

[5] Heinz Eduard Tödt, *Der Menschensohn in der synoptischen Überlieferung*, Gütersloh, Gütersloher Verlaghshaus Gerd Mohn 1963, p. 259 note 5 ; Ferdinand Hahn, *Christologische Hoheitstitel*, Göttingen, Vandenhoeck & Ruprecht, 1963, p. 126.

[6] Eduard Riggenbach, *Der Brief an die Hebräer*, Leipzig, Deichert, 1913, p. 13.

[7] Gerrit Cornelis Berkouwer, *The Work of Christ*, Grand Rapids, Eerdmans, 1965, p. 223-241.

[8] Ellen White, *The Acts of the Apostles*, Mountain View, Pacific Press, 1911, p. 38-39.

De même, un délégué, participant à une convention[9] y « siège », sans que cela ne l'empêche pour autant de se tenir debout, de se promener et à la rigueur de s'absenter pour un instant. Il siège parmi les délégués. De même, le Christ siégeant au ciel est le symbole d'une « position ultime[10] » dans laquelle il exerce un ministère en faveur des hommes.

Le fait qu'Etienne voit Jésus « debout » (*hestota*) à la droite de Dieu » (Ac 7.55-56) confirme cette conclusion. Quelle est la signification de cette référence unique à la position de Jésus « debout » ? On s'accorde généralement à reconnaître qu'il y a une différence entre les termes « assis » et « debout[11] ». Jésus « debout à la droite de Dieu » exprime sa fonction de témoin et d'avocat d'Etienne dans les cours célestes, où Christ est son intercesseur, celui qui le soutient[12], au moment même où Etienne est condamné à mort par ses juges (cf. Mc 8.38 ; Lc 12.8)[13]. Le ministère céleste a un résultat immédiat pour ses disciples sur la terre.

Christ comme sacrificateur et souverain sacrificateur céleste

Le ministère de Christ dans le ciel et l'inauguration de ce ministère céleste soulèvent une question concernant la nature du ministère céleste qu'il accomplit.

1. **Christ, le sacrificateur céleste.** L'épître aux Hébreux emploie le terme « sacrificateur » (*hiereus*) trois fois à propos du Christ intronisé (He 7.15 ; 8.4 ; 10.21)[14]. Il n'est pas difficile de convenir avec Gerd Theissen que « la pensée du sacerdoce céleste de Christ est le thème central de la lettre aux Hébreux[15] ».

---

[9] Milian Lauritz Andreasen, *The Sanctuary Service*, Washington, Review & Herald, 1947, p. 234.
[10] David Hay, *op. cit.*, p. 155.
[11] Pour H. P. Owen (1954), C. K. Barret (1964), M. H. Scharlemann (1968), J. Bihler (1963), E. Haenchen (1968), C. D. F. Moule (1952), Hay (1973) et d'autres, contre G. H. Dalman (1902), G. H. Dodd (1952) et B. Lindars (1962).
[12] Oscar Cullmann, *The Christology of the NT*, Westminster, John Knox Press, 1959, p. 183 ; Nils Alstrup Dahl, *Das Volk Gottes*, Darmstadt, Wissenschaftliche Buchgesellschaft, 1963, p. 196 ; Charles Francis Digby Moule, « From Defendent to Judge and Deliverer », *SNTS Bulletin* 3 (1955), p. 40-53 ; David Hay, *op. cit.*, p. 132-133. Voir aussi Ellen White, *The Acts of the Apostles*, *op. cit.*, p. 100-101.
[13] Theo Preiss, « Le Fils de l'Homme. Fragments d'un cours sur la christologie du Nouveau Testament », *Etudes théologiques et religieuses* » 3 (1951), p. 23 ; Otto Michel, *Der Brief an die Hebräer*, Göttingen, Vandenhoeck & Ruprecht, 1964, p. 340, note 4.
[14] Il est possible de distinguer entre Christ « sacrificateur » et « souverain sacrificateur » (pour Friedrich Schröger, *Der Verfasser des Hebräerbriefes als Schriftausleger*, Ratisbonne, Pustet, 1968, p. 225, contre Gottlob Schrenk, *TDNT*, vol. III, p. 277, note 54.
[15] Gerd Theissen, *Untersuchungen zum Hebräerbrief*, Gütersloh, Gütersloher Verlaghshaus Gerd Mohn, 1969, p. 13.

Christ y est représenté comme « sacrificateur à la ressemblance de Melchisédek » (7.15) et, par conséquent, supérieur au sacerdoce des Lévites.

Plusieurs textes du Nouveau Testament[16] font allusion à Christ en qualité de sacrificateur en dehors de l'épître aux Hébreux[17]. Il existe aussi une relation étroite entre le Christ sacrificateur et souverain sacrificateur.

2. Christ, souverain sacrificateur céleste. L'une des caractéristiques de l'épître aux Hébreux est son développement de la typologie du souverain sacrificateur[18]. Une étude attentive révèle que la typologie de cette épître n'est aucunement influencée par l'idéalisme platonicien ou par les spéculations de Philon[19]. L'épître aux Hébreux révèle une riche typologie du souverain sacrificateur. Christ est le souverain sacrificateur céleste (He 2.17 ; 3.1 ; etc.)[20] et son œuvre rédemptrice y est considérée en fonction de l'accomplissement antitypique du sacerdoce lévitique.

La désignation de Jésus-Christ comme souverain sacrificateur (He 5.4-5) selon l'ordre de Melchisédek (He 5.6,10 ; 6.20) est le résultat d'un choix divin (He 5.4), et survient au moment même où le Très-Haut annonce que son Fils est « plus élevé que les cieux » (He 7.26 ; cf. Ac 2.36).

La supériorité du sacerdoce de Christ est marquée par sa nature éternelle (He 6.20 ; 7.17, 24-25 ; cf. 5.6 ; Ps 104.10). Notre accès auprès de Dieu est toujours assuré par ce souverain sacrificateur « miséricordieux » (He 2.17), « fidèle » (2.17 ; 3.2), « grand » (4.14) et « saint » (7.26). Le ministère de Christ comme souverain sacrificateur est parfait parce que lui, Christ, est « parfait » (2.10), « saint, innocent, sans tache, séparé des pécheurs » (7.26), « absolument sans péché[21] » (4.15 ; 5.1-3), parce qu'il s'est offert lui-même (7.27), une fois pour toutes[22]. Le sacrifice unique de Christ sur la croix rend le système lévitique désuet. Sa mort sur la croix, qui ne peut être répétée, était le prix de la

---

[16] 1Tm 2.5 ; Ga 3.19-20 ; Ep 1.20 ; 2.18 ; 1Jn 2.1-2 ; Rm 5.2 ; 8.34 ; 1P 3.18.
[17] Olaf Moe, « Das Priestertum Christi im NT außerhalb des Hebräerbriefes », Die Theologische Literaturzeitung 72 (1947), p. 335-338 ; A. J. B. Higgins, « The Priestly Messiah », New Testament Studies 13 (1967), p. 211-239.
[18] Shinya Nomoto, « Herkunft und Struktur der Hohenpriestervorstellung im Hebräerbrief », Novum Testamentum 10 (1968), p. 10-25.
[19] Geoffrey William Hugo Lampe, Kenneth John Woollombe, Essays on Typology, Londres, Alec Allenson, 1957, p. 34-35, 67 ; Ursula Früchtel, Die kosmologischen Vorstellungen bei Philo von Alexandrien, Leyde, Brill, 1962, p. 103-114 ; Ronald Williamson, Philo and the Epistle to the Hebrews, Leyde, Brill, 1970.
[20] He 4.14 ; 5.5,10 ; 6.20 ; 7.26 ; 8.1 ; 9.11 ; cf. 8.3.
[21] Roy Stewart, « Sinless High-Priest », New Testament Studies 14 (1968), p. 126-135.
[22] La notion d'un sacrifice « une fois pour toutes » revient plus d'une fois dans le NT : Rm 6.10 ; 1P 2.24 ; 3.18 ; He 7.27 ; 9.12,26,28 ; 10.4,10,12,14 ; 11.1,11. Cf. Aloysius Winter, Apax Ephaxax im Hebräerbrief, Rome, Pontificia Universitas Gregoriana, 1960.

rédemption[23]; elle a aussi efficacité et mérite parce que Christ est à la fois offrande et sacrificateur, appliquant, maintenant qu'il est sacrificateur, les grâces découlant de la croix.

La confirmation de la supériorité du sacerdoce de Christ, un sacerdoce parfait, est fondée sur le serment de Dieu (He 7.20-22 ; Ps 110.4)[24]. Jésus, à l'encontre du sacerdoce lévitique de l'ancienne alliance (Ex 28.1), fut désigné par serment divin. Son sacerdoce est par conséquent infiniment plus glorieux et seul capable d'assurer un parfait salut sous la nouvelle alliance. En Christ nous avons un « grand » sacrificateur (He 10.21), un souverain sacrificateur (4.14), établi sur la maison de Dieu.

Christ médiateur et intercesseur céleste

Le Nouveau Testament nous offre une étude approfondie du ministère du Christ comme « médiateur » (*mesitēs*) céleste[25]. Moïse fut le « médiateur » de la loi (Ga 3.19), mais le souverain sacrificateur céleste est « médiateur entre Dieu et les hommes » (1Tm 2.5), car il « s'est donné lui-même en rançon pour tous » (v. 6). Dans son ministère de médiateur Christ réunit les fonctions de Moïse et d'Aaron. Par l'effusion de son propre sang (He 10.10,19) Christ offre un ministère infiniment « supérieur » (He 8.5-6), et une « nouvelle alliance » (9.15 ; cf. Jé 31.31-34). Il ouvre une route « nouvelle et vivante qu'il a inaugurée » (10.20), par laquelle nous pouvons nous approcher « avec assurance du trône de la grâce » (4.16). Christ est vraiment le chemin du lieu très saint (9.8). La médiation actuelle de Christ notre souverain sacrificateur est parfaite et d'une efficacité sans égal, de sorte qu'il n'est pas nécessaire de recourir à un autre médiateur ou une autre médiation.

Christ est aussi l'intercesseur céleste[26]. Son ministère implique une intercession[27] (Rm 8.34) continuelle (He 7.25), grâce à laquelle les péchés des saints sont pardonnés (1Jn 2.1). Cette activité commença après l'ascension de Christ « devant la face de Dieu » (He 9.24) et se poursuivra aussi longtemps que Christ sera souverain sacrificateur (He 6.20 ; 7.3). Notre souverain sacrificateur intercède individuellement pour tous « ceux qui s'approchent de Dieu par lui » (He 7.25). Lui seul est intercesseur parfait dans le sanctuaire céleste. Cette

---

[23] Ellen White, *Selected messages*, vol. 1, Washington, Review and Herald, 1958, p. 343.
[24] David Hay, *op. cit*, p. 148-149.
[25] Albrecht Oepke, article « *Mesitēs* », *TWNT*, vol. IV, p. 602-609 ; Hans Windisch, *Der Hebräerbrief*, Tübingen, Paul Siebeck, 1931, p. 73 ; Otto Michel, *op. cit.*, p. 292.
[26] Rm 8.34 ; 1Jn 2.1 ; He 6.20 ; 7.3,25 ; 9.24.
[27] C. D. F. Moule, *The Sacrifice of Christ*, Londres, Hodder & Stoughton, 1956, p. 38.

intercession « est une œuvre authentique de souverain sacrificateur[28] ». « Il est souverain sacrificateur intercédant[29] », « afin que par la foi, la repentance et la conversion, nous soyons à même de devenir participants de sa nature divine[30] ». Grâce à la médiation et l'intercession de Christ, chaque fidèle est affermi, soutenu et trouve le secret de la croissance spirituelle et de la perfection chrétienne.

La sphère du ministère céleste de Christ

La typologie des sanctuaires terrestre et céleste

Si Christ remplit la fonction de souverain sacrificateur céleste, et est engagé dans un ministère de médiation et d'intercession, la question de la sphère de son ministère se pose. Quelle est la nature de son ministère céleste ? La typologie néo-testamentaire répond clairement à la question grâce à sa démarche à la fois spatiale « céleste-terrestre[31] » et temporelle « passé-présent-futur[32] ». S'il existe un souverain sacrificateur céleste, il doit aussi y avoir un sanctuaire céleste (cf. He 8.1-2 ; 9.8,11,23-24)[33]. A la lumière de cette typologie biblique, la sphère et l'ampleur du ministère céleste de Christ se précisent.

Le sanctuaire céleste dans l'Ancien Testament

Dans l'Ancien Testament, le croyant connaissait la réalité du sanctuaire céleste. Plusieurs psaumes mentionnent un « sanctuaire » (Ps 63.3 ; etc.)[34], ou un temple (Ps 11.4 ; 18.7)[35] situé dans les cieux.

Les prophètes Esaïe, Michée, Habakuk et Jonas témoignent de la réalité d'un temple céleste[36]. Le livre de Daniel lui aussi apporte sa contribution à notre intelligence du sanctuaire céleste (7.9-10, 13-14 ; 8.13-14 ; 9.24).

---

[28] Oscar Cullmann, *op. cit.*, p. 102.
[29] Ellen White, *Fundamentals of Christian Education*, Nashville, Southern Publishing Association, 1923, p. 370.
[30] Ellen White, *Manuscript* 29, 1906.
[31] Gerd Theissen, *op. cit.*, p. 91, 113.
[32] Leonhard Goppelt, *Typos. The Typological Interpretation of the Old Testament in the New*, Grand Rapids, Eerdmanns, 1966, p. 200-201 ; Alfred Cody, *Heavenly Sanctuary and Liturgy in the Epistle to the Hebrews*, St. Meinard, Grail Publications, 1960, p. 9-46.
[33] Johannes Schneider, *The Letter to the Hebrews*, Grand Rapids, Eerdmans, 1957, p. 70.
[34] Également 68.36 ; 96.6 ; 150.1 ; 60.8. Mitchell Dahood, *Psalms*, New Haven, Yale University Press, 1970, vol. II, p. 79,96,152 ; vol. III, p. 359.
[35] Possible également Ps 27.4 ; 29.9.
[36] Es 6.1 ; Mi 1.2-3 ; Ha 2.20 ; Jon 2.7. Hans Wildberger, *Jesaja*, Vluyn, Neukirchen, 1969, p. 245-246 ; Ivan Engnell, *The Call oh Isaiah*, Lund, Lundequistska Bokhandeln, 1949, p. 27-28 ; Wilhelm. Rudolph,

Deux textes sont particulièrement importants à propos d'un sanctuaire céleste : Ex 25.9 et 40 (cités dans Ac 7.44 ; He 8.5). Ici Moïse est invité à construire un sanctuaire selon le « modèle » (*tabnît*)[37] qu'il vit en vision. De ces deux textes on peut déduire : (1) que le tabernacle terrestre doit son origine à une vision céleste[38] ; (2) que le sanctuaire terrestre n'est pas l'original, mais le « modèle » (*typos*)[39] d'une réalité supraterrestre ; (3) que le sanctuaire terrestre est basé sur ce « modèle », c'est-à-dire un modèle réduit du vrai sanctuaire céleste[40]. Cela signifie aussi que le sanctuaire terrestre est « image et ombre des choses célestes » (He 8.5)[41], « non pas l'ombre d'une autre ombre »[42].

L'Ancien Testament prouve abondamment l'existence d'un sanctuaire (ou temple), où le Roi de l'univers siège, entouré de myriades d'êtres qui l'adorent.

Le sanctuaire céleste dans le Nouveau Testament

Le livre de l'Apocalypse nous apporte des renseignements précis et détaillés sur le sanctuaire céleste[43]. Jean le voit en vision (Ap 11.19 ; 15.5), ainsi que le trône qui s'y trouve (4.1-2 : 5.15). Il a vu le mobilier du lieu saint (4.5 ; 8.3) et du lieu très saint (11.19). Le sanctuaire céleste a des dimensions énormes et contient des myriades d'anges (5.11), de sorte qu'« aucun édifice terrestre ne pourrait en représenter l'ampleur et la gloire[44] ». Le livre de l'Apocalypse nous présente ce sanctuaire comme l'endroit où la destinée des hommes se décide et d'où le jugement procède[45]. Il établit une distinction entre le ciel en tant que ciel, et le sanctuaire, dans le ciel, divisé en deux parties (11.19 ; 14.15,17 ; 15.5)[46].

Joel-Amos Obadjah-Jonu, Gutersloh, Gutersloher Verlagshaus Gerd Mohn, 1971, p. 354. Mitchell Dahood, *Psalms*, vol. I, p. 179. A propos d'Es 6.1, voir aussi Ellen White, *Prophets and Kings*, Mountain View, Pacific Press, 1917, p. 607-608.

[37] Ce terme apparaît dans Ex 25.9,9,40 ; Dt 4.16,17,17,18,18 ; Jos 22.28 ; 2R 16.10 ; Ps 106.20 ; 144.12 ; 1Ch 28.11,12,18-19 ; Es 44.12 ; Ez 8.3,10 ; 10.8.

[38] Brevard Childs, *The Book of Exodus*, Westminster, John Knox Press, 1974, p. 535.

[39] Leonhard Goppelt, article « *typos* », TDNT, vol. VIII, p. 256.

[40] Ellen White affirme: « Il montra à Moïse un modèle réduit du sanctuaire céleste, et lui commanda de le construire selon le modèle qui lui fut montré sur la montagne » (*Spiritual Gifts*, vol. 4, Battle Creek, Seventh-day Adventist Publishing Association, 1858, p. 5 ; cf. *Patriarchs and Prophets*, Washington, Review and Herald, 1890, p. 343, 357).

[41] Otto Michel (*op. cit.*, p. 288) souligne que les rites célestes existent réellement.

[42] Franz Delitzsch, *Commentary on the Epistle to the Hebrews*, Grand Rapids, Nabu Press, 1952, vol. II, p. 34.

[43] Ap 4.1-2 ; 7.15 ; 8.3 ; 11.19 ; 14.15,17 ; 15.5-6,8 ; 16.1,17. Dans chaque cas le terme *naos* est employé et est traduit soit par « sanctuaire », soit par « temple ».

[44] Ellen White, *Patriarchs and Prophets*, Washington, Review and Herald, 1890, p. 357.

[45] Ap 14.15-20 ; 15.5-8 ; Cody, p. 43.

[46] O. Moe, « Das irdische und das himmlische Heiligtum », *Theologische Zeitschrift* 9 (1953), p. 27 ; Wilhelm. Michaelis, article « *skēnē* », TDNT, vol. VII, p. 377.

Le thème du sanctuaire céleste se retrouve également dans un autre livre du Nouveau Testament, l'épître aux Hébreux. Le sacrificateur, Jésus-Christ, y est « ministre du sanctuaire et du véritable tabernacle, qui a été dressé par le Seigneur et non par un homme » (He 8.2). Il s'agit ici du sanctuaire céleste[47]. Le « vrai[48] » sanctuaire (9.24 ; 8.2) est dans le ciel. Le sanctuaire terrestre n'est qu'une « image et ombre » (8.5) de la réalité céleste[49].

Dans Hébreux 9.1-5, le sanctuaire terrestre avec ses deux compartiments, « la première tente » et « la seconde tente », est décrit de façon à faire ressortir clairement la distinction et l'interdépendance du lieu saint et du lieu très saint[50]. Les versets 6 et 7 parlent du service « quotidien » dans l'une et du service « annuel » dans l'autre partie.

Après avoir décrit les services du sanctuaire terrestre accomplis dans ses deux parties, l'auteur, à partir d'Hébreux 9.8, établit, par le moyen de types et de paraboles (v. 9), le rapport existant entre ces réalités et les réalités célestes de la nouvelle alliance. Dans Hébreux 9.8, « le premier tabernacle » comprend la totalité du sanctuaire terrestre de l'ancienne alliance ; la seconde tente, appelée « sanctuaire » (*ta hagia*)[51], et « le tabernacle plus rand et plus parfait » (v. 11), est une référence « à la totalité du sanctuaire céleste[52] », avec ses deux compartiments[53]. Sur la base de cette typologie verticale centrée sur le terrestre-céleste et le rapport original-modèle, l'épître aux Hébreux souligne la réalité d'un sanctuaire céleste composé de deux parties. Cette relation a été reconnue,

---

[47] « Sanctuaire » (*hagia*) et « tabernacle (ou tente) » (*skēnē*) sont identiques. Voir entre autres, Hans-Friedrich Weiss, *Der Brief an die Hebräer*, Göttingen, Vandenhoeck & Ruprecht, 1888, p. 197-198 ; Ceslas Spicq, *L'Epître aux Hébreux*, Paris, Gabaldaet, 1953, vol. II, p. 234 ; Eduard Riggenbach, *op. cit.*, p. 218 ; Otto Kuss, *Der Brief an die Hebräer*, Regensburg, Friedrich Pustet, 1966, p. 107 ; Jean Héring, *The Epistle to the Hebrews*, Londres, Wipf & Stock, 1970, p. 66 ; George Wesley Buchanan, *To the Hebrews*, Garden City, Bantam Doubleday Dell, 1972, p. 133. Une interprétation différente est proposée par Helmut Koester, « 'Outside the Camp' : He 13.9-14 », *Harvard Theological Review* 55 (1962), p. 299-315, et Thomas Hewitt, *The Epistle to the Hebrews*, Grand Rapids, Tyndale, 1960, p. 135.
[48] L'adjectif grec *alēthinos* (He 8.2 ; 9.24) signifie « réel », par opposition à « apparent ». Voir F. F. Bruce, *The Epistle to the Hebrews*, Grand Rapids, Eerdmans, 1964, p. 163, note 17.
[49] Le fait qu'il n'y a pas de platonisme pur ou de platonisme philonien dans He 8.5 est maintenant démontré par Ronald Williamson, *op. cit.*, p. 557-570.
[50] Otfried Hofius (« Das 'erste' und das 'zweite' Zelt. Ein Beitrag zur Auslegung von He 9.1-10 », *Zeitschrift für die neutestamentliche Wissenschaft* 61 (1970), p. 271-277) a démontré la validité philosophique de l'argument.
[51] Voir Alwyn Salom, « *Ta Hagia* in the Epistle to the Hebrews », *Andrews University Seminary Studies* 5 (1967), p. 59-70 ; Alfred Cody, *op. cit.*, p. 147-148 ; George Wesley Buchanan, *op. cit.*, p. 144
[52] Wilhelm Michaelis, *op. cit.*, p. 376.
[53] Hans Windisch, *op. cit.*, p. 69 ; Johannes Schneider, *op. cit.*, p. 82 ; Wilhelm Michaelis, *op. cit.*, p. 376 ; Alfred Cody, *op. cit.*, p. 150 ; Otfried Hofius, *Katapausis. Die Vorstellung Vom Endzeitlichen Ruheort Im Hebraerbrief*, Tübingen, Mohr Siebeck, 1970, p. 54 ; Otfried Hofius, *Der Vorhang vor dem Thron Gottes*, Tübingen, Mohr Siebeck, 1972.

avec raison, par un certain nombre de théologiens contemporains. L'un d'eux, Gerd Theissen, a suggéré que dans Hébreux 9, « comme résultat de cette application systématique du thème original-copie, il doit y avoir au ciel un sanctuaire en deux parties, comme c'était le cas sur la terre[54] ». L'existence d'un tel sanctuaire au ciel, tel que le présente la lettre aux Hébreux, est en harmonie avec le témoignage de l'Ancien Testament et du Nouveau Testament.

Considérons quelques-unes des autres interprétations avancées sur le sanctuaire du livre des Hébreux, et soulignons les objections à ces interprétations :

1. Une ancienne interprétation dite « ecclésiastique » affirme que le sanctuaire d'Hébreux 9.11 n'est pas une réalité céleste, mais l'Eglise[55]. J'objecterai que, puisqu'il est dit que Jésus « a traversé les cieux » (4.14), pour s'asseoir sur son trône (8.1-2), il aurait dû traverser l'Eglise. L'épître aux Hébreux, au contraire, maintient que l'Eglise doit passer par Christ, son médiateur, pour avoir accès au trône céleste de la grâce (4.14-16 ; 8.6 ; 9.15 ; 10.19-20 ; 13.15)[56].

2. L'interprétation « christologique » suggère que le « vrai tabernacle » est la nature humaine glorifiée de Christ par laquelle nous sommes invités à nous approcher de Dieu[57]. L'un des problèmes de ce point de vue est que le « tabernacle plus grand et plus parfait » peut se rapporter au corps et à l'humanité de Christ, l'expression « qui n'est pas de cette création » (9.11) ne permettant guère une telle interprétation[58].

3. L'interprétation « eucharistique » voudrait que le tabernacle soit le corps glorifié de Christ[59] auquel on participe par le sacrement de l'eucharistie[60]. Le texte même ne permet pas cette récente exégèse catholique romaine[61].

---

[54] Gerd Theissen, *op. cit.*, p. 105.
[55] Défendu par Jean de Damas, Severian de Gabalde, Corneille a Lapide, et plus récemment par Bruce, p. 199.
[56] Aussi James Swetnam, « The Greater and More Perfet Tent. A Contribution to the Discussion of Hebrews 9.11 », *Biblica* 47 (1966), p. 93 ; Albert Vanhoye, « Par la tente plus grande et plus parfaite... (He 9,11) », *Biblica* 46 (1965), p. 13-15 ; Philip Hughes, « The Blood of Jesus and His Heavenly Priesthood in Hebrews », *Bibliotheca Sacra* 130 (1973), p. 310.
[57] Défendu par Chrysostome, Theodoret, Theophylact, Johann Christian Konrad von Hofmann et John Owen (*Hebrews*, Philadelphie, Claxton, Remsen, and Haffelfinger, 1869, vol. VI, p. 18-23).
[58] Wilhelm Michaelis, *op. cit.*, p. 376 ; Albert Vanhoye, *op. cit.*, p. 11-12 ; James Swetnam, *op. cit.*, p. 93 ; Walter Brooks, « The perpetuity of Christ's Sacrifice in the Epistle to the Hebrews », *Journal of Biblical Litterature* 89 (1970), p. 210.
[59] Albert Vanhoye, *op. cit.*, p. 15-16.
[60] James Swetnam, *op. cit.*, p. 93.
[61] Paul Andriessen, « Das *größere* und vollkommenere Zelt (Heb 9.11) », *Biblische Zeitschrift* 15 (1971), p. 78-83 ; Jean Héring, *op. cit.*, p. 91.

4. L'interprétation « cosmologique » est très populaire de nos jours. Elle voudrait que Jésus, après sa résurrection et son ascension, ait passé à travers les cieux, identifiés comme étant le lieu saint, pour arriver en présence de Dieu, le lieu très saint, que certains disent être le ciel supérieur[62] ou l'habitation des anges[63]. Plusieurs des champions de cette interprétation acceptent aussi une partie de l'analogie typologique, c'est-à-dire que le sanctuaire céleste, comme le terrestre, a deux compartiments. Ils affirment cependant qu'il s'agit de symboles, de deux sphères spatiales que le Christ traverse[64]. Il y a de sérieuses objections à cette théorie : (a) Si le tabernacle d'Hébreux 9.11 se rapporte pour Jésus à l'acte de passer par les régions célestes, en route vers le saint des saints, comment peut-on, sans contradiction, parler du « véritable tabernacle » (8.2) qui contient le trône de Dieu dans les cieux ? Les deux tabernacles mentionnés dans Hébreux 8.2 et 9.11 doivent être considérés comme identiques. Tous deux sont décrits en des termes établissant leur réalité supérieure[65] ; l'un et l'autre ont trait au sanctuaire céleste dans sa totalité[66]. (b) L'équation établie entre « tabernacle » et les régions célestes, ou les cieux mêmes, ne tient pas compte des passages de l'épître où les cieux sont désignés deux fois comme faisant partie de la création (1.10-12 ; 12.26-27), alors que le « tabernacle » de 9.11 est déclaré comme n'étant pas « de cette création[67] ». (c) Quand le terme « tabernacle » est employé pour désigner une réalité qui n'est pas de ce monde, l'auteur de l'épître a toujours à l'esprit le sanctuaire céleste dans sa totalité[68]. (d) L'interprétation cosmologique est incohérente. Elle reconnaît l'existence d'une typologie littérale, mais en fait une application symbolique. (e) L'interprétation cosmologique est source de contradictions. L'Ancien Testament et le Nouveau Testament témoignent de la réalité d'un sanctuaire céleste en deux parties, alors que l'interprétation cosmologique de l'épître aux Hébreux considère les cieux comme le seul sanctuaire.

Evitant les écueils de ces interprétations symboliques, et reconnaissant l'importance de la typologie biblique et du contexte scripturaire, les

---

[62] Ceslas Spicq, *op. cit.*, vol. II, p. 256 ; Otto Michel, *op. cit.*, p ; 311-312 ; Jean Héring, *op. cit.*, p. 76-77 ; Eduard Riggenbach, *op. cit.*, p. 256-259 ; Thomas Hewitt, *op. cit.*, p. 135 ; Otto Kuss, *op. cit.*, p. 107 ; Helmut Koester, *op. cit.*, p. 309-310 ; et d'autres.

[63] Franz Delitzsch, *op. cit.*, vol. II, p. 80 ; Paul Andriessen, *op. cit.*, p. 83-91.

[64] Otto Michel, *op. cit.*, p. 311.

[65] Voir plus haut, note 48.

[66] *SDA Bible Commentary*, vol. VII, p. 452.

[67] Albert Vanhoye, *op. cit.*, p. 6-10 ; James Swetnam, *op. cit.*, p. 92.

[68] He 8.2 ; 9.21 ; 13.10. La version des Septante emploie toujours *skēnē*, « tente », pour la totalité du sanctuaire et non pas l'une de ses parties.

adventistes[69], avec bon nombre d'exégètes, reconnaissent que l'épître aux Hébreux rend témoignage à l'existence d'un sanctuaire céleste à deux compartiments (8.1-2,5 ; 9.8,11-12,24-25 ; 10.19 ; cf. 13.11), où Christ remplit un double ministère comme souverain sacrificateur. Les théologiens qui ont adopté une interprétation symbolique du sanctuaire dans cette épître admettent franchement que l'interprétation littérale « s'accorde avec la lettre du texte[70] ». Signalons que la position selon laquelle la lettre aux Hébreux parle d'un sanctuaire céleste à deux parties, position que les adventistes ont généralement défendue, est aussi défendue par les professeurs Hans Windisch, Johannes Schneider, Wilhelm Michaeli, Otfried Hofius et d'autres[71].

Hébreux 9.24 stipule que Christ est entré dans le ciel même. Ce texte ne prétend pas que le ciel soit le sanctuaire, il souligne que Christ est entré dans le ciel où se trouve le sanctuaire, et où son ministère de souverain sacrificateur se poursuit. Ce passage établit une fois de plus que l'entrée de Christ dans le ciel marque le début de la seconde phase du ministère sacerdotale, lequel dure (7.13 ; 10.12,14) jusqu'à sa seconde venue (9.28).

La nature du ministère céleste de Christ

La typologie du ministère céleste de Christ

Dans les deux sections précédentes nous avons traité des points saillants du rôle du Christ et de son ministère céleste, ainsi que de l'endroit où il a lieu. Considérons à présent la troisième étape, le dernier pas dans ce développement.

---

[69] John Harvey Waggoner, *The Atonement in the Light of Nature and Revelation*, Battle Creek, 1844 ; Don Neufeld (éd.), article « Sanctuary », *Seventh-day Adventist Encyclopedia*, Washington, Review & Herald, 1966, p. 1140-1143 ; Milian Lauritz Andreasen, *The Sanctuary Service*, Washington, Review & Herald, 1947 ; Milian Lauritz Andreasen, *The Book of Hebrews*, Washington, Review & Herald, 1948 ; *Seventh-day Adventists Answer Questions on Doctrine*, Washington, Review & Herald, 1957, p. 341-445 ; Merwin Thurber, *Symbols of salvation: How men are saved as revealed in the ancient sanctuary service*, Washington, Review & Herald, 1961 ; Edward Heppenstall, *Our High Priest. Jesus Christ in the Heavenly Sanctuary*, Washington, Review & Herald, 1972. Une analyse systématique et détaillée du développement de la doctrine du sanctuaire dans les milieux adventistes est présentée dans la dissertation de Gerard Damsteegt, *The Rise of the Seventh-day Adventist Message and Mission*, Berrien Springs, Andrews University Press, 1975. L'essentiel de ce que Ellen White a écrit sur le sujet se trouve dans les livres *Christ in His Sanctuary*, Mountain View, Pacific Press, 1969 et *Questions on Doctrine*, « Appendix C : The Atonement », p. 661-692.

[70] James Swetnam, *op. cit.*, p. 92-93 ; Albert Vanhoye, *op. cit.*, p. 5 : « Cette interprétation s'accorde évidemment, en 9.11, avec la lettre du texte. »

[71] Hans Windisch, *op. cit.*, p. 69 ; Johannes Schneider, *op. cit.*, p. 82 ; Wilhelm Michaelis, *op. cit.* p. 376-377 ; Otfried Hofius, *Katapausis*, op. cit., p. 54, 164, note 318. Dans sa thèse de doctorat, *Der Vorhang vor dem Thron Gottes* (Tübingen, 1972), Hofius montre que la lettre de l'épître aux Hébreux conçoit un sanctuaire céleste à deux pièces.

Nous avons vu que là où il y a un souverain sacrificateur céleste, là doit être aussi un sanctuaire céleste. De plus, là où il y a un sanctuaire en deux parties, il doit aussi y avoir un double ministère céleste[72]. C'est la conséquence inévitable de la typologie du ministère terrestre des sacrificateurs et des souverains sacrificateurs qui officiaient respectivement « chaque jour » et « une fois l'an » dans ce tabernacle, « image et ombre des choses célestes » (He 8.5)[73]. Cette analogie d'un type de ministère terrestre à deux phases, correspond au double ministère céleste du Christ. Cette interprétation, les adventistes l'ont longtemps défendue. Récemment un théologien l'a résumée comme suit : « Le service que Christ accomplit dans le ciel a un double aspect qui correspond à la division du tabernacle, l'un dans un lieu saint et l'autre dans un lieu très saint[74]. » La double phase du ministère céleste de Christ a son parallèle typique dans le sacerdoce du l'Ancien Testament[75].

La première phase du ministère céleste de Christ

Vu que notre souverain sacrificateur poursuit son ministère dans le sanctuaire céleste, quelle est la nature précise du ministère qu'il accomplit dans la première partie de ce sanctuaire ? La première phase de son ministère correspond au ministère « quotidien » du prêtre lévitique, mais lui est supérieur. L'effusion du Saint-Esprit, lors de la Pentecôte, marque le point de départ du ministère céleste du Christ (Ac 2.33)[76]. C'est par le Saint-Esprit que Christ pourvoit aux besoins de son Eglise[77], et qu'il soutient les croyants aux yeux de leurs ennemis (Ac 7.55-56).

La médiation de Christ entre Dieu et l'homme (1Tm 2.5 ; Rm 8.34), fondée sur une meilleure alliance (He 8.6), assure l'accès de l'homme au trône de la grâce. L'intercession du Christ (Rm 8.34 ; He 7.25 ; 9.24) comporte, entre autres choses, le pardon des péchés (1Jn 2.1-2) et l'offrande de nos dons et de nos prières comme autant de sacrifices spirituels. Sur la base de l'analogie typologique, Christ intercède par son sang (Lv 4.3 ; 16.6,15 ; He 9.13), et transfère les péchés, figurativement et de fait, dans le sanctuaire céleste[78]. Alors que le

---

[72] Johannes Schneider, *op. cit.*, p. 70.
[73] Cf. Ellen White, *Patriarchs and Prophets*, Washington, Review & Herald, 1890, p. 351-352 ; *The Great Controversy*, Mountain View, Pacific Press, 1911, p. 418.
[74] Paul Andriessen, *op. cit.*, p. 91.
[75] Martin Dibelius (*Botshaft und Geschichte II*, Tübingen, J.C.B. Mohr, 1956, p. 169) montre que dans l'épître aux Hébreux il existe un parallèle entre le ministère de l'AT et le ministère céleste, bien que ce dernier soit supérieur.
[76] Werner Kramer, *Christ, Lord, Son of God*, Londres, Hymns Ancient & Modern, 1966, p. 82 ; David Hay, *op. cit.*, p. 92.
[77] Cf. Ex 15.6 ; Ps 74.11 ; 118.15-16 ; La 2.3 ; Ac 2.12-22.
[78] Ellen White, *The Great Controversy*, Mountain View, Pacific Press, 1911, p. 418,421).

péché nous souille, le sang de Christ nous purifie (1Jn 1.7 ; Ap 1.5) ; et le sanctuaire céleste est souillé.

Christ intercède auprès du Père. Il ne s'agit pas, cependant, d'apaiser un Dieu courroucé par le moyen du sang du Christ[79]. Le Père accepte les mérites expiatoires du sacrifice de Christ et proclame la réconciliation de l'homme avec Dieu accomplie par le Fils[80].

La seconde phase du ministère céleste de Christ

La seconde phase du ministère de Christ dans le sanctuaire céleste correspond, selon l'analogie, au ministère « annuel » du souverain sacrificateur au jour des expiations. Par le sang des sacrifices quotidiens, les péchés du peuple étaient transférés dans le sanctuaire, d'où la nécessité d'une purification faite au jour des expiations (Lv 16.19)[81]. L'idée de purification est dominante dans le terme hébreu *kpr*[82], et est employée seize fois dans Lv 16. *Kpr* implique également la notion de purification[83] et d'effacement des péchés (Jr 18.23). Le jour des expiations n'était pas seulement un jour de purification, c'était aussi un jour de jugement (Lv 23.29 ; cf. Ez 18.24), soulignant la notion de séparation, de décision, de justification. Le croyant était justifié s'il était innocent (Lv 23.29) ; Dieu l'était aussi et sa justice prévalait.

Ces cérémonies propres au sanctuaire terrestre font partie intégrante de ce que le Nouveau Testament appelle l'« image et ombre des choses célestes » (He 8.5). Tout comme le ministère terrestre atteignait un point culminant au jour des expiations avec ses éléments d'expiation des péchés, de jugement et de justification, de même la seconde phase, la phase finale du ministère du Christ, est le point culminant de son œuvre dans le sanctuaire céleste, où la même œuvre a lieu. Le sanctuaire céleste doit être purifié (*katharizesthai*) par des sacrifices plus excellents (He 9.23-24)[84]. Daniel 8.14 le confirme.

Le souverain sacrificateur entrait dans le lieu très saint, au terme d'une année de médiation, après que les péchés avaient été transférés dans le sanctuaire. On peut de même s'attendre à ce que Christ commence la seconde phase du ministère céleste vers la fin de sa médiation. Dans Hébreux 12.22-24, l'aspersion du sang est liée à divers concepts eschatologiques tels que le jugement divin

---

[79] Rm 3.25 ; 1Jn 2.2 ; 4.10 ; He 2.17 ; 9.5.
[80] Rm 5.8-11 ; Col 1.20-22 ; 2Co 5.14-21 ; Ep 2.12-17.
[81] Aussi H.-J. Kraus, G. Fohrer, T. C. Vriezen, etc.
[82] Fritz. Maass, article « *kpr* pi. sühnen », Ernst Jenni, Claus Westermann (éd.), *Theologisches Handwörterbuch zum Alten Testament*, Munich, Christian Kaiser, 1971, vol. 1, p. 843.
[83] Lv 14.19 ; 16.18-19 ; Ez 43.26 ; etc.
[84] Alfred Cody, *op. cit.*, p. 181.

(12.23,29 ; Jc 4.12 ; 5.9), le chœur de myriades d'anges (He 12.22), l'assemblée des premiers-nés inscrits dans les cieux (v. 23)[85]. Ce sont autant d'aspects essentiels du jugement apocalyptique de Daniel 7.9-10,13-14,22,26. Les adventistes ne sont pas seuls à reconnaître que ces passages de Daniel 7 font allusion au jugement précédant le retour de Jésus[86], appelé aussi jugement investigatif. Ce jugement a lieu après que la petite corne a persécuté les saints[87], et avant que le royaume éternel leur soit remis, comme l'indique le dénouement chronologique des événements de Daniel 7.21-22 ; c'est-à-dire après 1798, et avant la seconde venue. Daniel 8, et l'interprétation qui en est donnée dans le chapitre 9, indique très précisément le commencement de ce jugement antérieur à la venue de Jésus. Le premier décret d'Artaxerxès (457 av. J.-C.)[88], selon Daniel 9.24-27[89], marque le point de départ des 2300 jours-années prophétisées dans Daniel 8.14. Cette période arriva à son terme en 1844, point de départ de la seconde phase du ministère céleste de Christ. En tant que type, cette phase correspond au jour des expiations, et à son œuvre de purification, d'effacement des péchés et de jugement.

Quelle serait la durée de la première phase du ministère de Christ ? Daniel 8.14 apporte la réponse suivante : « Deux mille trois cents soirs et matins ; puis le sanctuaire sera purifié. » Le verbe hébreu *nisdaq* ne paraît qu'une seule fois dans l'Ancien Testament, précisément dans ce passage. Il a été traduit de diverses façons[90]. Les versions grecques les plus anciennes (LXX, Théod.) le traduisent par « purifié », employant une forme du même verbe que l'on retrouve dans Lévitique 16.18, et qui a trait à la purification du sanctuaire au jour des expiations. Dans Hébreux 9.23, il s'applique à la purification des choses célestes. La notion de purification se retrouve dans le terme hébreu employé dans Daniel 8.14, de pair avec celle de justification et de restauration. Le contexte de Daniel 7-9 souligne cette notion plus large de purification.

---

[85] George Wesley Buchanan, *op. cit.*, p. 223.
[86] Thomas Robinson, « Daniel », *The Preacher's Homiletical Commentary*, Funk & Wagnalls, 1892, p. 139.
[87] Gerhard Hasel, « The Identity of the Saints of the Most High in Daniel 7 », *Biblica* 56 (1975), p. 173-192.
[88] Pour l'établissement historique et archéologique de cette date, cf. Julia Neuffer, « The Accession Year of Artaxerxes I », *Andrews University Seminary Studies* 6 (1968), p. 66-87 ; Siegfried Horn, Lynn Wood, *The Chronology of Erza 7*, Washington, Review & Herald, 1970.
[89] Le problème du rapport entre Daniel 8 et 9 est discuté par Gerhard Hasel, « Revelation and Inspiration in Daniel », *Ministry* 47 (October 1974), p. 20-23 ; Gerhard Hasel, « Offenbarung und Interpretation im Buch Daniel », *Aller Diener* II (1975).
[90] « On Daniel 8.14 », *Problems in Bible Translations*, Washington, Review and Herald, 1954, p. 174-177 ; Jerôme. Justensen, « On the Meaning of *Sādaq* », *Andrews University Seminary Studies* 2 (1964), p. 53-61 ; Walter Read, « Further Observations on *Sādaq* », *Andrews University Seminary Studies* 4 (1966), p. 29-36.

Parmi les révélations essentielles de Daniel 7-9 figure une référence aux attaques dirigées par la petite corne contre les saints (7.22-23,25-27 ; 8.24), à son attitude envers la loi (7.25 ; 8.12), le sanctuaire et son système de médiation (7.20,25 ; 8.11-13). L'aspect ecclésiastique de la petite corne révèle l'existence d'un faux médiateur, d'un faux système de médiation, et d'un sacrifice blasphématoire (8.11-12). Cette usurpation des prérogatives divines ne peut survenir que pendant un temps limité. A la fin de la période des 2300 jours, en 1844, Christ commença la seconde phase de son ministère de médiation dans le sanctuaire céleste. Depuis lors, le double aspect de son ministère céleste a été proclamé sur la terre. Depuis 1844 la destinée des saints de tous les âges est décidée d'une façon irrévocable par le jugement précédant la seconde venue (Dn 7.9-10,13-14 ; 8.14 ; Ap 11.1-3). Ce jugement précédent a la forme d'une enquête, d'une investigation des livres célestes (Dn 7.10 ; He 12.23 ; Ap 11.1-3 ; cf. Es 4.2-3). Il comprend également la purification du sanctuaire céleste (Dn 8.14 ; He 9.23-24 ; cf. Lv 16.19), purifié des péchés des saints qui s'y sont accumulés, ainsi que la purification de « votre conscience des œuvres mortes, afin que vous serviez le Dieu vivant ! » (He 9.14). Ces différents aspects de la phase finale du ministère céleste du Christ justifieront aux yeux de l'univers entier le sanctuaire céleste, le trône de Dieu, et du même coup le peuple de Dieu.

Les prophéties de Daniel et d'Apocalypse, de concert avec la révélation du ministère de Christ dans le ciel, telle qu'on la trouve dans l'Ancien Testament et dans le Nouveau Testament, attirent constamment notre attention sur la phase finale du ministère du souverain sacrificateur dans le sanctuaire céleste. Cette œuvre couvre la purification, l'effacement des péchés, le jugement, la justification de Dieu, de son peuple et de la vérité révélée. Cet aspect du ministère du Christ contribue à la solution du conflit séculaire entre Christ et Satan, le bien et le mal, un conflit qui concerne chacun d'entre nous. Ce qui se passe dans les cieux durant ces dernières heures de l'histoire du monde est d'une importance capitale pour la préparation de la seconde venue du Christ et l'inauguration de la troisième phase de son ministère. Ceci sans parler de son importance pour le triomphe final de l'Eglise du reste.

Pour comprendre, prêcher et enseigner une meilleure intelligence des deux aspects du ministère céleste du Christ, il importe de (1) vivre une expérience plus intime et plus riche avec notre Sauveur ; (2) prêcher l'Evangile dans sa totalité ; (3) amener les pécheurs à une connaissance personnelle et complète du plan du salut, y compris le message du sanctuaire ; (4) les éveiller à la réalité de la signification de l'heure du jugement (Ap 14.8-12) ; (5) aider chacun à se préparer pour cet événement par la grâce de notre Seigneur Jésus-Christ. Maranatha (1Co 16.22 ; Ap 22.20) !

Les racines philosophiques et bibliques du corps chez Spinoza

Julius Brown[1]

L'étude des corps, au XVIIe siècle[2], relevait de la physique. Le *mécanisme*[3] du XVIIe siècle était lié à la révolution galiléo-copernicienne et à la conception chrétienne de l'homme comme « maître et possesseur de la nature ». Descartes a radicalisé une technique née de la Renaissance (balistique, montres, horloges, etc.). Les phénomènes biologiques en sont venus à être interprétés comme mécaniques, ceci, comme effet de la géométrisation de l'espace et de la mathématisation de la nature. L'histoire montre que chaque nouvelle évolution scientifique ou technologique a servi à produire une nouvelle conception de l'homme[4]. Les sciences naturelles semblaient avoir ruiné l'idée d'un monde fait par Dieu pour l'homme. L'héliocentrisme (le soleil au centre) avait détrôné le géocentrisme. Le géocentrisme reposait sur l'anthropocentrisme (l'homme au centre) et sur le théocentrisme créateur. Le renversement du géocentrisme a entraîné l'ébranlement critique de l'anthropocentrisme et la vertigineuse

---

[1] Julius Brown Jr, théologien (Docteur), philosophe (Master) ; ancien pasteur et professeur de philosophie, est écrivain et conférencier.

[2] Siècle de Galilée, Descartes, Leibniz, et de Baruch d'Espinoza, né Juif le 24 septembre 1632 à Amsterdam et mort le 21 février 1677. La population juive y est surtout constituée de Marranes : des Juifs de la péninsule ibérique ayant adhéré au catholicisme de force, mais restant clandestinement juifs. Spinoza se fera appeler Benedictus Spinoza ou Benoist d'Espinoza après son excommunication (le *cherem*) de la Synagogue, pour avoir promu des croyances comme la non-immortalité de l'âme et le panthéisme. Il vivra de son travail de tailleur et de polisseur de verres-lentilles optiques.

[3] Le mécanisme énonce que tout phénomène de l'univers peut et doit s'expliquer d'après les lois des mouvements matériels. Cela nécessite la présence d'une loi scientifique enchaînant causes et effets prévisibles et fiables. Par exemple, s'il y a un lien nécessaire et systématique entre tout trou creusé par un humain et un trésor qu'on y trouve... Descartes écrivait à Plempius : « Ma philosophie ne considère que des grandeurs, des figures et des mouvements comme fait la mécanique » (*Correspondance avec Elisabeth et autres lettres*, Lettre à Plempius pour Fromondus, 3 octobre 1637, Paris, Flammarion, 1989).

[4] Nous le vivons à nouveau : Jean- François Mattei, Israël Nisand, *Où va l'humanité ?*, Paris, Les Liens qui libèrent, 2013 ; Bertrand Vergely, *La tentation de l'homme-Dieu*, Paris, Le Passeur, 2015 ; Myriam Revault d'Allonnes, *La crise sans fin*, Paris, Seuil, 2012.

désaxation du théocentrisme. Dans cette vision géo-anthropo-théocentrique du monde, la causalité *finale*[5] conditionnait toutes choses. L'éclatement du géo-anthropocentrisme a entraîné l'effondrement de ce *finalisme* aristotélicien et biblique chez plusieurs, et aussi la décapitation d'une métaphysique où régnait la Transcendance. La causalité *matérielle et efficiente* de la physique moderne ne pouvait que s'imposer.

D'autre part, dans l'ancien système de pensée, la réalité était comprise dualistement : le matériel et l'immatériel, le corporel et le spirituel, le muable et l'immuable, le mortel et l'immortel, le corps et l'âme. Le deuxième terme jouissait d'une éminence logique et ontologique, esthétique et hiérarchique sur le premier. Le premier terme jouissait d'un statut de soumission, de négativité, de secondarité dans l'ordre de l'existence, de l'essence et dans l'échelle des valeurs par rapport au deuxième. L'âme, divine et immortelle, se trouvait du côté du bien, le corps étant relégué au rang de mauvais, comme un obstacle au bien, à la spiritualité, un ennemi de l'âme à assujettir. D'où une conception et une expérience négatives de la sexualité dans le christianisme, le corporel réduit au charnel et le charnel au sexe honteux et culpabilisant.

Les enjeux étaient majeurs : l'idée de Dieu dans un univers régi désormais par des lois contraignantes, la place de l'homme dans la création, les conditions de possibilité de sa liberté, le statut et la valeur de la Révélation. Comment penser le corps, l'âme et leurs rapports ? Il fallait refondre et refonder la métaphysique et l'anthropologie traditionnelles, mais avec quels acquis et quelles pertes ? Au sein d'un tel monde renversé, Spinoza prend le parti et le pari philosophiques d'une réconciliation de l'homme avec la Nature. Pour ce faire, il se démarque du *créationnisme* biblique et cartésien, du *finalisme* biblique, aristotélicien et cartésien, et du *dualisme* hégémonique. Spinoza opère un « *décentrement* du foyer de la permanence[6] » de la tradition. Cherchant les ressources pour rendre

---

[5] L'une des *quatre causes* de l'existence du Réel chez Aristote : **matérielles** (ciment, bois...), mais les *matériaux* ne sont une maison, d'où les **causes formelles** : la forme, c'est la dimension géométrique de la maison, mais surtout son *essence*, sa *définition*, l'*idée* qu'en a l'architecte. La forme (*morphē*) d'un homme, c'est son âme comme principe de vie inséparable du corps. Paul assigne ce sens ontologique à « *morphē* » dans Ph.2.5-8. Les **causes efficientes ou motrices** : constructeurs, démolisseurs ou transformateurs de la maison. Cause efficiente *principale* : le peintre ayant peint un tableau ; cause efficiente *instrumentale* : pinceau et connaissances. Les **causes finales** : la raison d'être de la chose, son but. Aristote dit que « la nature ne fait rien en vain ni de superflu » (*Les Parties des Animaux*, II, 691b). Les **causes matérielles** et **formelles** sont *intrinsèques*, car elles demeurent tant que la chose subsiste. La chose cesse d'exister dès que l'une des deux causes disparaît. Les **causes efficientes** et **finales** sont *extrinsèques*, car elles ne résident pas dans la chose. L'œuvre subsistera même quand l'artisan meurt ou si la chose perd sa raison d'être (*Physique* II, 3-9).

[6] Edouard Mehl, « Le temps, la pensée et le décentrement de la permanence », in *Descartes en Kant*, Paris, PUF, 2006, p. 76, 77.

l'homme libre, pour lui apporter le « salut », subjectivement et politiquement, il disposait de trois visions du monde et de l'homme : celles d'Aristote, de Descartes et de l'« Ecriture sacrée », comme il l'appelle.

A l'entrecroisement de l'anthropologie spinozienne et biblique

Deux idées déterminantes, issues *de l'Ecriture biblique*, structurent la philosophie de Spinoza. D'abord, l'impressionnante insistance sur la perfection, l'infinité et la souveraineté de Dieu sur toutes choses[7], comme s'il n'y avait que Dieu dans l'Univers et que le mal n'existait pas, tant Dieu remplit toutes choses. L'homme n'est alors qu'une « parcelle » de la création et non un *imperium in imperio* (un empire dans l'empire)[8]. Puis, l'unité et la dignité de *toute* la création, exprimant la puissance (*potentia*) performative et l'autoproductivité divines[9]. Spinoza en tire que l'Etendue (matière-espace) n'est pas moins divine que la Pensée. L'idée d'une nature inférieure, opposée à une nature céleste, est rejetée par Spinoza et l'Ecriture, car toute la Création est « bonne ».

Spinoza adopte ces deux idées précédentes, *mais en les dépouillant de leurs écrins originaires*: la croyance en un Dieu personnel, transcendant et juge final, la double Chute originelle et la nécessité du salut par la Grâce au moyen de la foi dans le Rédempteur promis. Il rejette ces derniers fondamentaux[10], mais reconnaît en Jésus le Christ, « la Voix et la Sagesse de Dieu », « la Voie du salut », le seul à avoir acquis une connaissance directe et totale des attributs divins infinis[11]. Toutefois, il n'identifie pas le Christ avec Dieu.

Quelles conséquences Spinoza tire-t-il des deux idées bibliques de la souveraineté divine et de l'unité et de la valeur égalitaire de la nature ? Sa

---

[7] Cf. Spinoza, *Œuvres IV*, Lettres XXIII ; *Œuvres de Spinoza, Court Traité*, II, ch. 26, 7, 5, Paris, GF Flammarion, 1964 ; Es 45.7-8 ; Lam 3.37-39.
[8] Jb 38.1-7 ; Ps 8.4-5 ; IR 8.27-28.
[9] Spinoza, *Ethique* I, et II, 14, Lemme, Scolie 7 ; III, Préface.
[10] Même s'il les tolérait comme fondement inadéquat d'un « salut » inauthentique, pour la masse ignorante. Le statut, l'autorité et la valeur de l'Ecriture biblique sont en jeu. Spinoza refuse à l'Ecriture l'autorité pour dire la Vérité, privilège qu'il réserve à la philosophie. Ceci, sous prétexte que le *langage* de l'Ecriture ne serait pas assez scientifique, que l'Ecriture contiendrait des erreurs et des contradictions, et qu'elle serait issue de l'imagination des prophètes. C'est oublier que « l'être peut se dire de multiples manières », comme le fondait Aristote ; que les contradictions des philosophes sont aussi la preuve des errements de la philosophie elle-même, et que c'est l'intellect uni à l'imagination qui permet de connaître adéquatement (Kant). Spinoza condamne le primat de l'âme sur le corps, tout en créant un autre primat, celui de l'intellect sur l'imagination, déchirant ainsi l'homme. Il préconise l'interprétation de l'Ecriture par elle-même, mais l'applique inconséquemment. Il stipule la non-ingérence entre l'Ecriture et la philosophie, mais, dans la pratique, il se permet de juger la Révélation par la philosophie. L'Ecriture se réduirait au champ cultuel, moral et social (cf. Spinoza, *Traité Théologico-politique*, ch. I-VII).
[11] Spinoza, *Traité Théologico-politique*, ch. I, p. 37, 38 ; ch.IV, p. 92, 93 ; ch. V, p. 103 ; ch. XVIII, p. 307.

métaphysique de la Nature indivisible débouche sur une *anthropologie* de l'*unité* indivisible de *l'homme* comme corps-esprit. Dans cette unité, l'esprit ne jouit pas d'une supériorité en valeur, en statut ou en essence par rapport au corps. Spinoza établit une égalité entre les deux, chacun jouant un rôle propre, nécessaire et noble[12]. La prééminence traditionnelle de l'esprit sur le corps, toujours au mépris du corps (perçu comme objet, ennemi, machine, tombeau ou prison), ne provient pas de l'Ecriture, mais d'une lecture gréco-latine faussée de l'Ecriture. L'Ecriture dit volontiers que l'homme *est* son corps[13] ! Une autre conséquence est le déterminisme universel[14]. Rien ni personne n'échappent aux lois de la Nature. Comment alors penser la libération de l'homme s'il ne jouit pas du libre arbitre dans un Système implacable ? En réalité, l'Ecriture défend le déterminisme puisque le Dieu-Elohim fait fonctionner l'univers matériel, organique et psychique selon des lois immuables, sans quoi ce *serait* l'entropie, le chaos[15]. Il appartient aux créatures de comprendre et de se soumettre à ces lois qui les entourent et les structurent, pour leur accomplissement. Spinoza et l'Ecriture s'entendent pour dire que toute véritable liberté est harmonie avec la Nature, avec le Dieu de la Nature, avec autrui et avec soi-même.

Exploitons la conséquence que Spinoza a tirée de *l'unité de la Nature*, à savoir l'unité psychophysique *de l'homme*. Spinoza procède à une réhabilitation-rééquilibrage du corps, voire à un renversement du dualisme :

> « Personne n'a jusqu'à présent déterminé ce que peut le corps, c'est-à-dire l'expérience n'a enseigné à personne jusqu'à présent ce que, par les seules lois de la nature considérée en tant seulement que corporelle, le corps peut faire et ce qu'il ne peut pas faire à moins d'être déterminé par l'âme [...]. Et cela montre assez que le corps peut par les seules lois de sa nature beaucoup de choses qui causent à son âme de l'étonnement[16]. »

Autrement dit, l'éminence que la théologie et la philosophie ont conférée à l'âme, au détriment du corps, nous aurait privés de trois choses : du bénéfice d'une *connaissance* objective des corps, des *potentialités* du corps et de l'esprit, et de l'étendue, de la nature et de l'accessibilité de notre puissance d'agir. Chez Spinoza, l'efficace de l'esprit reste toujours corrélative et proportionnelle à celle du corps[17]. Rejetant l'aristotélisme qui érigeait *l'âme* en principe de différenciation entre les *corps* (âmes végétatives, sensitives et rationnelles),

---

[12] *Ethique* II.
[13] Gn 3.19 ; Rm 12.1-2.
[14] *Ethique* I, 17, 26, 29, 33.
[15] Ps 19 ; Jb 38-42 ; Rm 11.33-36 ; Cf. Ellen White, *Education*, ch. 10, 14, Dammarie-Les-Lys, SdT, 1976 ; *Puissance de la grâce*, 5 septembre.
[16] *Ethique* III, 2, Scolie.
[17] *Ethique* V, 39 et II, 13, Scolie.

Spinoza définit la spécificité du corps humain par le corps lui-même, sans recourir à l'âme. Le corps spinozien commande une conception théorique et salvifique de l'homme : physique, psychoaffective, médicinale, spirituelle, éthique et socio-politique.

Spinoza conserve de l'Ecriture une saisie holistique de l'homme en tant que *nephesh* (âme vivante : l'être total). Il y a une correspondance étonnante entre *nephesh* et le *conatus* spinozien. Le *conatus* est l'*effort* naturel et essentiel pour persévérer-durer dans l'être. Il est volonté (rapporté à l'âme), appétit (rapporté à l'âme et au corps) et désir (quand l'âme devient consciente de cet *effort*). Il comprend tous les efforts de la nature humaine pour augmenter et laisser ouverte sa capacité d'être affecté, fuyant les affects d'amoindrissement de soi et recherchant les affects augmentant la puissance de soi (culture de la *joie* et méditation de la *vie*).[18]

Cela n'empêche pas une critique de Levinas et de la philosophe Simone Weil contre ce *conatus* spinozien. Ils lui reprochent d'établir comme essence de l'homme une force primitive, bestiale, *essentiellement* tournée vers la gratification et l'agrandissement *de soi* (égocentrisme) plutôt que vers autrui ; un principe possédant un germe aux conséquences totalitaires. Critique lucide, réaliste, mais relative[19]. Cette critique se marie avec la loi d'amour biblique *chesed-agapē* qui fonctionne à rebours du *conatus* spinozien. *Chesed-agapē* est orienté vers l'augmentation *d'autrui* (altercentrisme), car c'est la cause et le but de la création de l'univers par un Dieu personnel, relationnel et fidèle à son Alliance envers eux[20]. En réduisant l'homme à un être purement *naturel* et en stipulant *d'aimer* ce Dieu-Nature *impersonnel* pour pouvoir atteindre la vertu, Spinoza n'institue-t-il pas une adoration universelle de l'homme par l'homme (puisque, dans son Dieu-Nature, l'homme *seul* est doué de conscience-pensée, l'ensemble des intellects humains constituant l'Intellect du Dieu-Nature : un Entendement collectif et universel[21]) ? En aimant le Dieu-Nature, l'homme s'aimerait lui-même en tant

---

[18] *Ethique* III, premières définitions des affects, et appendice; III, 6-10, 25-27; IV, 39; IV, 67.
[19] Simone Weil, *Attente de Dieu*, Paris, Fayard, 1966, p. 106 ; Levinas, *Autrement qu'être ou au-delà de l'essence*, La Haye, Nijhoff, 1974 ; *Difficile liberté*, Paris, LGF, 1984 ; *L'Au-delà du verset : lectures et discours talmudiques*, Paris, Minuit, 1982. Pour le rapport de Simone Weil et de son maître Alain contre le *conatus*, le panthéisme et le Dieu-puissance de Spinoza, dans la création et la rédemption, cf. André Comte-Sponville, « Le Dieu et l'idole (Alain et Simone Weil face à Spinoza) », in Olivier Bloch (éd.), *Spinoza au XXe siècle*, Paris, PUF, 1993, p. 13-39.
[20] Ex 34.5-7 ; 1Jn 4.8
[21] *Ethique* V, 40, Scolie.

que divin[22]. L'absence de transcendance du Dieu-Nature spinozien établit le risque d'une idolâtrie cosmique dans laquelle, à défaut *d'aimer suprêmement* une statue de pierre (idolâtrie qu'il condamne), c'est la Nature elle-même qui serait l'Idole[23] !

Le *conatus* établit donc une divergence entre l'Ecriture et Spinoza. Spinoza conclut que rien dans la nature n'est fait avec un dessein intelligent intentionnel, puisque son Dieu-Nature ne pense pas *lui-même* ni *par lui-même*, ne projette rien, ne désire pas et n'aime pas à proprement parler : c'est l'antifinalisme spinozien[24]. Pourtant, il remplace la finalité par la notion d'*utilité*, une manière subtile ou déguisée de réintroduire le finalisme[25]. Mais, le *Dieu chesed biblique est nécessairement finalité dans tout ce qu'il est et fait, pour autrui : c'est la véritable gloire-Shekinah divine*[26]. L'éjection de toute idée de poursuite de finalités altercentrées hors de l'univers détruit le Dieu *chesed* et l'Alliance. Ce serait le triomphe du matérialisme, du relativisme moral et de la vérité relativisée, de l'Histoire comme absurdité, accompagnés de l'esprit anarchique, du non-respect de la Nature, de la banalisation de la vie et de l'effondrement psychoémotionnel. Quand Spinoza affirme que ni le mal ni le bien n'existent dans l'Univers (mais uniquement ce qui est *bon*-utile ou *mauvais*-néfaste à l'apport de quelque bien)[27], que tout est convenances humaines, c'est effrayant dans un monde sans repères référentiels. Selon l'*agapē*, *autrui est la vérité du sujet*, l'altercentrisme est la force du *véritable conatus* psychophysique, l'*intersubjectivité*

---

[22] *Ethique* V, 36 et aussi corollaire, scolie ; cf. Alexandre Matheron, « L'amour intellectuel de Dieu, partie éternelle de l'*amor erga Deum* », *Les études philosophiques* 2 (1997), p. 231-248 ; et Pascal Sévérac, *Le devenir actif chez Spinoza*, Paris, Honoré Champion, 2005, p. 392-415.

[23] Spinoza en vient à unir Orient et Occident en promouvant rationalisme/matérialisme et affectivité/spiritualité dans un panenthéisme-panthéisme absolu. Dans son élan, il franchira le pas d'une *confusion* entre Dieu et la Nature, un pas que les théologiens (chrétiens, arabes, juifs) et la quasi-totalité des philosophes n'avaient pas osé franchir avant lui. La Nature serait Dieu, absolue, infinie et éternelle[23]. Comprendre Spinoza, c'est comprendre toute la philosophie, d'où cette déclaration attribuée à Hegel : « Spinoza est un point crucial dans la philosophie moderne. L'alternative est : Spinoza ou pas de philosophie[23]. » Kant voit dans le *spinozisme* et dans le *panthéisme* des Orientaux deux systèmes apparentés au système de l'*émanationnisme*, qui fait sortir toutes les âmes humaines de la divinité, pour être finalement absorbées à nouveau en elle. Cf. Spinoza, *Ethique* I ; Bergson, *Lettre à Léon Brunschvicg*, 22 février 1927.

[24] *Ethique* I, appendice ; *Traité Politique*, ch. 1, §4.

[25] *Ethique* IV, axiome 1 ; IV, 20, 24, 28 et démonstration ; appendices 4 et 31 ; V, 41 ; Kant, *Critique de la faculté de juger*, Paris, Vrin, 1968, §85 ; Charles Ramond, « Idéalisme et panthéisme. La lecture kantienne de Spinoza dans la *Critique de la Faculté de Juger* », in Christophe Bouton (éd.), *Dieu et la Nature. La question du panthéisme dans l'idéalisme allemand*, Hildesheim, Georg Olms Verlag, 2005, p. 55-74.

[26] Jr 29.11 ; Ex 33.17-32 ; Ps.89.33-35 ; Es 14.12-14//Mt 20.26-28.

[27] *Ethique* I, Appendice; IV, 73, Préface ; Spinoza, *Traité Politique*, ch.2, 8, 12.

est la fonction constitutive du moi. Ce n'est pas le fait d'avoir autrui comme but qui corrompt la vertu, c'est le fait *de ne pas avoir autrui* comme but qui dégénère en corruption de la vertu. Car, il ne reste qu'une *prétention* d'amour désintéressé, recouvert de fonctionnalisme et de pragmatisme, où l'homme devient un moyen au lieu de rester une fin.

Spinoza garde encore de l'Ecriture une saisie psychospirituelle et phénoménologique du corps comme *basar* (la chair : finitude, naturalité et concrétude active de l'être).

Il conserve une expression corporelle, pratique et dynamique de l'âme. Le domaine réservé à la praxis (le corporel) est investi et intégré dans tout le champ traditionnellement destiné à l'âme : actes de penser, de « vouloir » et de désir.

Spinoza retient le cœur-*leb* biblique comme raison, volonté, affectivité. Cette sagesse-intelligence du *leb* s'appelle *bina*. Ce n'est pas d'abord une faculté catégorielle kantienne, mais « une action, l'acte même d'intellection de la vérité. L'hébreu, langue concrète, ne parle jamais de l'intelligence hors de cette réussite, de cette fruition de la vérité existante ; il ne nomme l'intelligence que lorsqu'elle existe en acte, intelligence de son objet propre[28] ». *L'intelligence* devient *volonté* (le *leb*), les volitions sont des idées douées d'appétits.

La notion d'expression spinoziste s'apparente au principe biblique du « *en* Adam / *en* Christ »[29]. L'âme fusionne avec chacune des différentes fonctions de la vie corporelle, en tant que moyen et condition de l'expression de l'esprit. *L'expression* biblique ne peut jamais être séparée de la force qu'elle exprime, puisque le truchement par lequel l'âme se réalise est aussi le moyen par lequel elle s'exprime. Sans l'expression corporelle, l'esprit en resterait à l'état de pure virtualité. Lorsque l'expression se réalise, on peut parler de connexion-confusion entre l'âme et le corps. L'esprit ne peut nier, ni renier, ni mépriser le corps, car il représente la condition de son existence et l'unique moyen de son activité mentale et spirituelle. Séparer l'âme du corps, le vouloir de l'agir, relèverait de l'abstraction[30].

Spinoza proclame l'unité de l'homme, mais persiste à le présenter comme divisé, composé de deux feuillets parallèles : l'esprit-âme agissant *indépendamment* du corps et le corps agissant *séparément* de l'esprit-âme. Spinoza cherche à sauver son parallélisme en présentant l'esprit et le corps comme agissant

---

[28] Claude Tresmontant, *Essai sur la Pensée hébraïque*, Paris, Cerf, 1953, p. 126-127.
[29] Rm 5.12-21 ; Ep 1.
[30] *Ethique* III.

simultanément : « L'ordre et l'enchaînement des idées sont le même que l'ordre et l'enchaînement des choses[31] ». C'est qu'il rejette toute influence de l'esprit sur le corps et inversement[32]. Certaines difficultés du dualisme sont ainsi levées, l'âme étant définie comme *idée du corps*, le lien corps-esprit semble rétabli. Toutefois, il ne suffit pas d'avoir aboli l'interaction pour abolir toutes les difficultés : solution non absolue, par défaut. En réalité, Spinoza est allergique à toute cause mystérieuse que la raison ne parviendrait pas à expliquer. Cette posture nous paraît incohérente quand on sait que son Dieu-Nature contient une infinité d'attributs, dont seules la Pensée et l'Etendue sont connues. Notre ignorance des mystères de la nature cosmique devrait ne pas nous enfermer dans des dogmes pseudo-scientifiques. Comme le rappelle Matheron[33] en commentant les déclarations élogieuses et stupéfiantes de Spinoza sur le Christ Jésus, sa connaissance, son expérience et sa puissance bluffante sur les lois de la nature (miracles) devraient nous pousser à l'ouverture. L'ambition spinozienne de réunir l'homme reste une mission inachevée. Cela est confirmé par le fait qu'il situe l'unité de l'homme, non pas dans l'homme lui-même, mais dans un Modèle qui est plus haut, par-delà lui-même, dans le Dieu-Substance dont l'homme est une partie (autre forme de transcendance divine, ou d'aliénation de l'homme ?)[34]. Comment penser l'unité de l'homme quand il ne se retrouve pas avec soi-même, quand il vit en *parallèle* avec lui-même ?

Spinoza, le sosie anthropologique improbable de Descartes

Spinoza est qualifié de cartésien, mais subversif et erratique par rapport à Descartes. C'est le seul adversaire que Spinoza nomme dans son ouvrage majeur, l'*Ethique*. Ils héritent d'un horizon mécaniste commun, mais leur mécanisme diffère[35]. Là où Descartes privilégie une approche du corps comme machine[36], Spinoza entreprend une naturalisation et une rationalisation du phénomène des affects-passions et préconise de les soumettre au traitement géométrique prévalant dans l'étude des phénomènes physiques de la nature. Voilà pourquoi il considère les actions et les appétits des hommes « comme des lignes, des plans

---

[31] *Ethique* II, 7 et scolie.
[32] *Ethique* II, 8 et scolie ; I, Axiome ; cf. Gilles Deleuze, *Spinoza et le problème de l'expression*, Paris, Les éditions de Minuit, 1968, p. 94 ; Chantal Jaquet, *L'unité du corps et de l'esprit : affects, actions et passions chez Spinoza*, Paris, Quadridge/PUF, 2004, p. 135, 122-134.
[33] Alexandre Matheron, *Le Christ et le salut des ignorants chez Spinoza*, Paris, Aubier Montaigne, 1971, p. 91-92.
[34] *Ethique*, III, 2, démonstration ; V, préface.
[35] *Ethique* III, Préface.
[36] René Descartes, *Discours de la méthode*, fin de la 5ᵉ partie, Paris, GF Flammarion, 1992 ; Emmanuel Kant, *Critique de la Faculté de juger*, 2ᵉ partie, première section, §64, 65, 70, 71 Paris, Vrin, 1968, p. 288-300, 314-319.

ou des corps[37] ». Il applique le principe du déterminisme universel aux passions et s'emploie à les dénombrer et à les déduire les unes des autres comme des conséquences logiques nécessaires. Contre la tradition, chez Spinoza les sentiments de l'âme ne sont pas causés par le corps, ceci à cause du parallélisme sans interaction. La maîtrise des passions ne consiste pas en un empire de l'âme sur le corps, mais de l'âme sur elle-même. Le corps et l'âme fonctionneraient de façon autonome. Comment comprendre alors le monisme spinozien, selon lequel « l'esprit et le corps, c'est un seul et même individu[38] » ? Ne serait-ce pas le retour au dualisme classique, mais situé cette fois-ci au niveau de la vie existentielle concrète ? Si l'unité *réelle* du corporel et du psychique se situe seulement au niveau de la Substance-Nature, le spinozisme ne peut reprocher à Descartes d'avoir laissé divisée, béante l'unité de l'homme par la théorie de l'interaction et de la glande pinéale[39].

Gueroult[40] synthétise leur opposition doctrinale : *chez Spinoza*, l'intelligibilité de Dieu, la réduction de sa puissance à son essence, l'identité entre l'Intellect infini divin et le nôtre, capable de connaître les choses à partir de l'infini ; *chez Descartes*, l'incompréhensibilité de Dieu (Mystère), la réduction de son essence à sa puissance, la limitation de notre entendement, restreint à ne comprendre que le fini. Ainsi, chez Descartes, Dieu est intuitivement imposé à notre entendement par la puissance divine imprimant en nous l'idée de l'Etre parfait. Spinoza récuse ces conclusions, car, selon lui, elles méconnaissent notre entendement comme pouvoir absolu du vrai, et détruisent, jusque dans son dernier fondement, la possibilité de toute science. Le jugement de Spinoza et de Gueroult est trop outrancier à notre sens, car le Dieu-Nature spinozien, dont on ne connaît que deux attributs sur une infinité (donc impénétrabilité), est non moins mystérieux et inintelligible ! On cherche, factuellement, en quoi l'intellect humain se confondrait avec l'Intellect de la divinité spinozienne, au point de *connaître comme Dieu*, à partir de l'Infini, mais en vain. L'une des différences entre Descartes et Spinoza ici, c'est que Descartes reconnaît les limites humaines face à l'Absolu. Spinoza aura au moins trouvé en Descartes un stimulateur-inspirateur lui ouvrant la voie.

La liberté spinozienne commence par le corps, et non par *l'âme*. Descartes avait choisi de nier, méthodiquement et provisoirement, tout ce qui existe (le doute hyperbolique), ceci dans le but de connaître ce qui *subsiste* comme connaissance

---

[37] *Ethique* III, Préface.
[38] *Ethique* II, 21, Scolie.
[39] René Descartes, *Les principes de la philosophie*, Paris, Vrin, 2002, principe I, 53, 60 ; *Méditations métaphysiques*, Paris, GF Flammarion, 1992, 6ᵉ Méditation, p. 185.
[40] Martial Guéroult, *Spinoza, Dieu (Ethique I)*, Paris, Aubier-Montaigne, 1968, p. 9-16.

fondamentale et ultime. Conclusion : « *Cogito, ergo sum*[41] » (« Je pense, donc je suis »). Il avait découvert que le fondement de la science universelle et l'essence humaine étaient la conscience d'être, accompagnée de la pensée-raison : « Je suis une substance pensante[42] ». Dans cette réduction radicale jusqu'à l'archivérité (la vérité première), sa volonté l'avait conduit, et Dieu garantissait le fonctionnement de l'entendement et de la liberté. Ainsi, chez Descartes, la liberté, liée à l'âme, est au fondement de la nature humaine.

Savoir ce que peut *un corps* est la condition du déploiement de l'esprit et de la liberté *à conquérir*. Spinoza promeut la thèse que l'homme est plus souvent asservi à l'inconnu et à l'imaginaire qu'à la vraie liberté provenant de la connaissance de Dieu comme Nature, comme déterminisme et perfection. Comme l'entendement *humain* est une partie de l'Entendement infini divin, selon Spinoza, l'homme aurait en lui-même la connaissance divine et de ce dont le corps est capable. Ce savoir serait immanent au corps lui-même, qui saurait ce que nous ignorons de lui, d'où l'étonnement de l'âme devant le corps. Pensée révolutionnaire au XVIIe siècle, bien avant la radicalisation nietzschéenne au XIXe siècle et les neurosciences cognitives[43]. Avec Spinoza, on passe *de l'éminence* de la pensée par rapport au corps, *à l'immanence*, où les affections du corps deviennent les conditions de possibilité du devenir de l'esprit (dissymétrie). Plus le corps est apte à agir et à pâtir diversement, plus l'esprit est apte à percevoir beaucoup de choses à la fois ; c'est le parallélisme : « Qui a un Corps apte à un très grand nombre de choses, a un Esprit dont la plus grande part est éternelle[44] ». Selon le degré de complexité et d'autonomie du corps, la *mens* correspondante est plus ou moins complexe, consciente, puissante. L'esprit devient *conscient de soi* en réfléchissant sur soi, et le premier soi, c'est le corps. La *mens* est idée du corps, conscience du corps ; le corps est le premier objet de l'idée (*réflexivité* sur soi et désir spontané de joie) ; puis la *mens* devient idée d'idée, et se dédouble ainsi à l'infinie jusqu'aux pures abstractions intuitives (*réflexion-extension* sur le Monde). La puissance d'agir (= la santé du corps) se développe en correspondance avec le salut de l'esprit (= puissance de connaître), en vue d'une éthique qui est conquête d'activité. Un bémol :

> « Le souci de Spinoza n'est pas d'éradiquer définitivement tous les affects qui pourraient venir troubler l'âme pour faire entrer le sage dans un état d'ataraxie

---

[41] *Discours de la méthode*, Paris, GF Flammarion, 1992, p. 54-55.
[42] René Descartes, *Méditations métaphysiques*, Paris, Flammarion, 1992, 2e méditation, p. 77, 81
[43] Friedrich Wilhelm Nietzsche, *Lettre à Overbeck*, 30-VII-81, Sils-Maria, dans *Lettres choisies*, Paris, Gallimard, p. 176 ; *Ainsi parlait Zarathoustra*, Paris, Société du Mercure de France (6e éd.), 1903 (Œuvres complètes de F. Nietzsche, vol. 9, p.45-47); Eric Blondel, *Nietzsche, le corps et la culture : la philosophie comme généalogie philosophique*, Paris, L'Harmattan, 2006, p. 31-117.
[44] *Ethique* V, 39 et 30 ; II, 7, scolie.

ou d'apathie, mais, à force de vertu, de prévenir les excès et de maintenir les passions dans une juste mesure équilibrée, selon une modalité caractéristique de l'aristotélisme que l'on retrouve chez saint Thomas d'Aquin par exemple[45]. »

Peu d'hommes s'éveilleraient à cette liberté, englués qu'ils sont dans *le premier genre de connaissance* : l'imagination, les superstitions, les idées obscures. Spinoza préconise donc de s'affranchir des fausses croyances sur Dieu, sur l'homme, sur le monde et sur la fin du monde. Ensuite, apprendre à lire l'enchaînement infini des vraies causes qui expliquent tous les évènements ou qui nous poussent à agir. Le chemin spinoziste vers le salut passe par un choix privilégiant les affections *joyeuses* et les rencontres positives avec *autrui*, et en cultivant la connaissance rationnelle, scientifique du *deuxième genre* et la connaissance *intuitive du troisième genre*, qui est connaissance directe de Dieu-Nature, de soi et des choses.

En réalité, l'herméneutique spinozienne de l'origine et de la nature du *Péché-Mal* (comme fiction imaginative, sans Conflit Cosmique surnaturel) le place dans une situation de foi idéaliste et donc de minimisation de la puissance de cette maladie auto-immune et égocentrique du Mal possédant l'homme. Si le Mal n'est pas seulement ce qui est mauvais pour nous, mais aussi une machination de guerre contre nous, alors le projet spinozien de libération est condamné à être rattrapé et grevé par ce principe de réalité endémique (le Mal). Il reconnaît que même les sages ne parviendront jamais à triompher complètement des passions, condition pourtant pour expérimenter la béatitude. *Le salut spinozien concerne donc une élite infinitésimale.* C'est une entreprise insurmontable[46], d'autant plus que l'homme spinozien est livré à lui-même dans un Univers *qu'il pense* être sans Secours. Sa motivation consiste en *l'amour intellectuel* de Dieu, où le sage aurait une vision/saisie directe de la réalité essentielle telle que Dieu-Nature la voit par les intellects humains qui constituent son Intellect infini. On peine à savoir de qui ou de quoi Spinoza parle, tant cette expérience se présente comme métaphysique, hors sol, aliénation qu'il prétend pourtant combattre[47] !

---

[45] Frédéric Mancini, *Spinoza, une lecture d'Aristote*, Paris, PUF, 2009, p. 83.
[46] Cf. Ferdinand Alquié, *Le rationalisme de Spinoza*, Paris, PUF, p. 349-350.
[47] « Spinoza nous apprend bien la voie de la pensée qui ramène à Dieu, mais il n'a jamais su montrer comment Dieu s'éloigne de lui-même pour laisser une place à une connaissance de premier genre qui remplace son idée » (Levinas, *Le temps et l'autre*, Paris, PUF, 1983, p. 28-29). Si Dieu-Nature est vérité, liberté, joie, amour, comment ces réalités font-elles tant défaut aux cerveaux humains censés être le Cerveau de Dieu ? Comment et à partir de quand Dieu-Nature peut-il penser autrement que Dieu-Nature ? Y aurait-il eu une Chute dans le système spinozien ?

Spinoza et Aristote, ou l'anthropologie du « même » ?

A ce titre, la conception aristotélicienne de *l'unité* ontologique de l'homme paraît, par certains côtés, plus proche de celle de l'Ecriture que ne l'est celle de Spinoza. Un héritage hébraïque subsiste chez Spinoza, sans qu'il s'en montre redevable. Attitude similaire à l'égard d'Aristote. Quelquefois, Spinoza reconnaît des éléments justes dans l'Ecriture, mais il lui arrive d'esquiver ou de les noyer dans sa philosophie. Il stigmatise aisément le contenu et la forme bibliques pour mettre en valeur ses propres idées, quitte à être partial dans ses jugements, comme quand il dit qu'Israël voyait dans le corps la source du péché, ce qui est plus du syncrétisme platonico-chrétien que biblique. *Spinoza s'est inspiré d'Aristote sur quasiment tous les plans*, sans toujours récupérer mot pour mot ses idées, mais en les adaptant et en les transformant[48] : l'idée d'un univers sans commencement et éternel[49], la promotion de la notion de finalité[50] *par le biais de la notion d'utilité*[51], l'idée de *forme* aristotélicienne, la promotion de la nécessité-déterminisme[52], le monisme cosmologique et anthropologique, la méthode synthétique plutôt qu'analytique[53], l'immanence sans transcendance. Mancini ajoute que « Spinoza hérite d'Aristote lui-même plus que de n'importe lequel de ses épigones dans la façon dont il mêle à la question de la détermination du bien celle de l'obtention effective du bonheur par l'exercice de la vertu[54] ». Et pourtant, Spinoza persiste à entretenir des rapports de repoussoir, de convenance et d'ignorance à l'égard d'Aristote. C'est un adversaire de taille ! Il suivra Aristote même jusque dans la transgression de leur principe naturaliste commun quand il s'agira de déterminer ce qui reste après la mort.

En effet, l'entreprise philosophique vise à connaître l'Etre *par les armes de la Raison*. Comment alors comprendre le postulat philosophique d'une âme préexistante, immatérielle et immortelle, et d'un corps conçu comme ennemi de l'âme ? Quand la raison abandonne le terrain de l'immanence pour flirter avec des idées et des désirs séduisants, elle s'expose à une irrationalité mythique dont Kant a montré les limites. La philosophie a révélé une quasi-impossibilité à penser la nature et la destinée humaine sans des présupposés théologiques indémontrables. Avec Spinoza, nous sommes revenus à Aristote qui, lui aussi, après avoir milité pour

---

[48] Aristote, *De l'âme* II, 412 b 4-6. Anne Merker, *Une Morale pour les mortels : L'Ethique de Platon et d'Aristote*, Paris, Les Belles Lettres, 2011, p. 155-174.
[49] L'une des audaces d'Aristote : *Physique*, IV, 12, 221a, 9-11 ; Spinoza, *Traité Théologico-Politique*, ch. 7.
[50] Difficile d'abolir toute notion de finalité dans la Nature : Spinoza la restitue dans l'*utilité*.
[51] Aristote, *Traité de l'Âme* III, 12, 434a ; *Les parties des Animaux* II, 691b.
[52] Cf. Le *Timée* ; *Physique* II, 8, 198b ; *Métaphysique* Δ 30.
[53] Aristote, *Traité de l'âme*, Paris, « Les Belles Lettres », 1948, II, 1, 402b, 412a, 27 : logique hébraïque.
[54] Frédéric Mancini, *op. cit.*, p. 83.

l'unité ontologique et concrète de l'homme, a fini par céder à la même difficulté, en concédant la subsistance d'une âme noétique, intellective, intuitive après la mort[55]. Coup de théâtre !

Spinoza réintroduit un élément qui pousse Wolfson[56] à déclarer qu'il n'a pas réussi à écarter la notion mystique et mythique de l'immortalité de l'âme, puisqu'une partie de l'âme survit à la mort du corps. Spinoza déclare : « L'esprit humain ne peut pas être absolument détruit en même temps que le Corps ; mais il en reste quelque chose, qui est éternel[57]. » « Nous *sentons et savons d'expérience* que nous sommes *éternels*[58]. » Comme Spinoza a lié *l'éternité* à l'existence *nécessaire*, on verrait difficilement comment il pouvait l'appliquer à l'homme dont l'existence reste toute contingente. Car l'existence *nécessaire* appartiendrait uniquement au Dieu-Substance et à ses attributs. Seule solution possible : faire participer l'homme à l'éternité de la Substance en confondant l'essence divine et l'essence humaine. Ce que le Dieu-Nature est, l'individu humain l'est. Une essence est une idée. Une idée-essence est intelligible. Elle a une valeur intrinsèque et une réalité autonome, car il lui suffit d'être vraie, affirmative et adéquate pour être réelle. Avant leur naissance, selon Spinoza, l'entendement du Dieu-Univers connaît toutes les essences et l'ordre dans lequel elles doivent passer à l'existence. Avant la naissance, l'esprit serait une idée éternelle du corps formée par l'entendement infini de Dieu-Nature. A la mort, seule cette idée éternelle de l'essence du corps subsisterait : le cœur de notre individualité. On s'interroge pour savoir si cette essence éternelle conserve une certaine forme de conscience, d'entendement, un enrichissement des idées adéquates acquises ou pas, sans mémoire ni volonté, thèse proche de celle d'Aristote. *Spinoza lui-même reconnaît que le fait que l'essence soit ainsi à elle-même sa propre existence constitue une chose unique et difficile, voire impossible à expliquer.* Comment penser sa densité ontologique ? Rien ne peut dès lors empêcher Matheron d'y lire la réincarnation orientale de l'essence humaine. S'exprime ici une tendance spinozienne à verser dans le spiritualisme et le matérialisme, dans l'irrationalisme et le rationalisme, même malgré lui. Avec Spinoza, nous sommes passés de la négation de la Transcendance à l'immanence expressive, puis de l'immanence à une autre forme de Transcendance dans l'immanence, fuyant l'immanence. Il subsiste une obscurité dans la conception et le vécu de l'unité de l'homme spinozien : l'idée de l'essence éternelle.

---

[55] Aristote, *Traité de l'âme*, II, 20-22, 11-13, 414a ; *Ethique à Nicomaque*, X, vii et viii, 1177 a, 12.
[56] Cf. Harry Austryn Wolfson, *La philosophie de Spinoza, pour démêler l'implicite d'une argumentation*, Paris, Gallimard, 1999, p. 289-297, 349, 350.
[57] *Ethique* V, 23 et scolie.
[58] *Ethique* V, 39 et scolie.

Essai d'anthropologie biblique sur fond phénoménologique et existentialiste

L'*unité ontologique* est nécessaire à la constitution de la conscience de soi et de la liberté. L'homme est un être humain (*basar*) et un être vivant, ou il n'est pas ! Il est *somatique* et *pneumatique* : les deux principes ontologiques de la structure de l'homme, inconcevables l'un sans l'autre, et que Husserl appelle « l'unité psychophysique primordiale ».[59] L'âme, c'est l'homme (Gn 2.7) ; le corps, c'est l'homme (Gn 3.19). Nous partageons avec Spinoza que la conscience, bien prégnante et déterminante, est néanmoins seconde chez l'homme au départ, mais elle advient. Lorsque cette conscience de soi jaillit dans l'enfance, elle est une faible lampe qui doit devenir pleine et adéquate connaissance de soi, par rapport au monde, à autrui et à Dieu. L'homme est donc plus souvent inconscient, non scient des causes réelles qui le constituent, qui le font agir ou choisir. Il est moins libre qu'il ne le pense. *Conscience sans science n'est que ruine de l'âme !* Ce processus de conscientisation est conquête de liberté. La conscience reste reliée au corps, même dans les différents niveaux de couches supérieures de cette conscience, comprise comme intellect, raison, esprit, intuition. Le corps est donc la modalité normale d'expression d'un homme, l'évidence de son existence, l'expression de sa vie psychoémotionnelle, le vecteur des mouvements de sa pensée.

La phénoménologie husserlienne en rend compte[60]. C'est l'étude des phénomènes qui me constituent, qui me donnent sens, en tant qu'unité psychophysique intimement et indissolublement unie à *mon corps en tant que moi-même*, en tant que *corps propre*. La phénoménologie définit la conscience-âme comme étant *intentionnelle* : conscience de quelque chose, conscience des mouvements qui affectent le corps. Spinoza et l'Ecriture s'y accordent. La conscience, c'est « la totalité de tous les divers modes d'usage possibles par le sujet-percevant *de son corps* comme organe de ses intentions cognitives et pratiques[61]. » Il s'agit du corps physique, certes, en interaction avec le monde environnant dont il fait partie, mais surtout à travers le *corps propre*. Selon l'Ecriture, je suis dans mon corps, je suis mon corps, je suis ontologiquement, phénoménalement et exclusivement à travers mon corps. Le *corps propre* est le corps que *je suis*, le corps senti-sentant, percevant, connaissant. Le monde existe,

---

[59] Edmund Husserl, *Méditations cartésiennes : Introduction à la phénoménologie*, Paris, Vrin, 1992, Cinquième méditation, p. 148-217.
[60] Cf. surtout le dernier Husserl des *Ideen II : Idées directrices pour une phénoménologie et une philosophie phénoménologique pures. II. Recherches phénoménologiques pour la constitution*, Paris, PUF, 1982.
[61] Alain Berthoz, Jean-Luc Petit, *Phénoménologie et physiologie de l'action*, Paris, Odile Jacob, 2006, p. 170.

il est là, mais *comment*, comme sujet conscientiel, accéder intellectuellement à ce monde objectif, comment devient-il subjectif pour moi, vécu de sens personnel ? Une *donation* progressive de sens doit s'opérer. Ma participation s'inscrit dans la notion de *sens* : *direction-visée* vers autrui, *sensibilité-sensorialité* à autrui *et signification-compréhension* d'autrui et du monde.

A travers le champ de la conscience, un monde *se constitue, prend sens*. Ce sens conscientiel se vit à travers un flux continu d'expériences, d'idées, de dispositions, d'esquisses d'objets qui affectent et constituent le *corps propre*[62]. Ce sont les *kinesthèses* (le 6ᵉ sens) husserliennes. La kinesthésie est une *perception consciente* et la *sensibilité* que détiennent les récepteurs musculaires et ligamentaires, les voies et centres nerveux, et qui donnent la notion du mouvement exécuté, de l'effort exercé et de la situation occupée par les membres dans l'espace. Elle est synonyme de *proprioception*[63]. Le corps propre est le centre, la source et l'expression d'une multisensorialité de plans somatomoteurs (mouvements du corps) et somatosensoriels (7 sens). Le monde du sujet est continuellement l'objet de sa cible, de son désir, de son ressenti. Ces opérations sont sensorielles, haptiques (le contact touché-touchant), visuelles, vestibulaires[64], acoustiques, olfactives, proprioceptives. Le corps propre a aussi la capacité de capter « les objets qu'il manipule et les assimile à des parties de lui-même ». Il le fait déjà naturellement avec les parties du corps *physique* et avec les objets environnants. Cela consiste à assimiler à soi-même un objet du monde extérieur et ainsi « donner à cette relation entre le sujet et le monde une valeur de connaissance » pratique, un changement de statut d'un outil une fois qu'il est lié au corps. Par exemple, *l'extension* temporaire, par *prolongement* du corps propre, avec un téléphone portable qu'on a du mal à quitter, ou bien *l'unité* que constitue le corps propre avec une voiture que l'on conduit (une fois sorti de la voiture, celle-ci redevient un objet ordinaire dissocié du corps propre). Le corps propre « fonctionne comme un échangeur du subjectif en objectif, et réciproquement[65] ».

---

[62] Cf. Pierre Maine de Biran, Henri Bergson, Gaston Bachelard, Maurice Merleau-Ponty, la philosophie orientale (Antonio Damasio, *Spinoza avait raison : Joie et tristesse, le cerveau des émotions*, Paris, Odile Jacob, 2005, ch. 4 et 5).

[63] La *sensibilité proprioceptive* « complète les sensibilités intéroceptive (les viscères), extéroceptive (la peau) et celle des organes des sens. » (*Larousse Médical*, Paris, Larousse, 1995, p. 839).

[64] Le système vestibulaire est un organe sensoriel situé dans l'oreille interne contribuant à la sensation de mouvement et à l'équilibre. Les mouvements corporels, la perception et le contrôle de l'orientation s'opèrent par la synergie des informations provenant des récepteurs de l'oreille interne, capteurs musculaires, articulaires et cutanés et des yeux.

[65] Alain Berthoz, Jean-Luc Petit, *op. cit*, p. 209, 212.

Corps sentant-percevant, le corps propre est aussi un corps vécu, *ouvert* sur autrui. Il permet de constituer un monde intersubjectif commun, de compréhension mutuelle[66]. La *reconnaissance* des autres, en tant que d'autres corps propres, s'origine dans la structure des kinesthèses, conférant sens à soi et au monde. Il s'agit d'un acte de dotation, consistant à reconnaître autrui comme capable, comme moi, comme nous, de constituer un monde par l'*Einfühlung* (empathie) du philosophe Théodor Lipps : la capacité de regarder le monde du point de vue de l'autre. L'idée est que nous sommes co-constituants, en résonance avec autrui et avec le monde, par le fait d'avoir un modèle interne de ce que pense autrui, par nos représentations, par le langage, le visage, par les neurones miroirs de résonance mutuelle.

La conclusion en est la valorisation du *chesed-agapē* biblique : *à travers autrui* le monde prend sens, je prends sens. L'esprit, constitué des phénomènes affectant le *corps propre*, est *intentionnel*, orienté vers le corps propre comme « capteur » d'autrui, et non vers un moi narcissique (l'amour *avon-eros*). Cet *autrui* est la vérité du sujet conscientiel, son sens, son épreuve aussi, pour une plus grande liberté ! L'homme est un fondement altercentré, visant une communauté de vie et reconnaissant autrui comme appartenant à une même communauté de vie[67] ! Rappelons que Spinoza ne considère pas l'individu comme un sujet absolu, *ni uniquement* comme un *conatus* préoccupé d'augmenter sa propre puissance d'être, mais aussi comme une relation intérieure/extérieure, une sorte de « chiasme déhiscent[68] » merleau-pontien. Spinoza n'a pas développé la phénoménologie telle que nous la connaissons, mais il était dans la direction, comme Aristote et la *nephesh-basar-leb* biblique.

L'âme n'est pas nécessairement plus spirituelle que le corps, puisqu'elle se définit par le fait même qu'elle *se déploie corporellement* dans le temps ! *L'âme, c'est l'homme* en devenir, s'inventant, et cessant d'être dès que la conscience cesse. L'homme est conscience et jaillissement, autodétermination et conquête de liberté : c'est l'*existentialisme* biblique[69]. Pas de destin figé, mais un être animé, des désirs actants, le tissage d'un caractère par un entrelacement intelligent, volontaire, amoureux, joyeux avec l'Esprit d'Elohim. « Existence » signifie être

---

[66] Cf. la *Cinquième Méditation* de Husserl.
[67] Cf. Paul Ricœur, *Soi-même comme un autre*, Paris, Seuil, 1990.
[68] Cf. Maurice Merleau-Ponty, *Le visible et l'invisible*, Paris, Gallimard, 1964, p. 108, 109, 188-195, où il définit la « chair » comme corps vécu-animé, percevant-mouvant, désirant-souffrant, l'être à deux feuillets (dedans-dehors), l'étoffe commune du monde (*La structure du comportement*, Paris, PUF, 1990, p. 233-241).
[69] Cf. Soren Kierkegaard, Gabriel Marcel, Karl Jaspers, Paul Ricœur, Paul Tillich. Dieu est en devenant (Ex 3.14).

hors de soi, se projeter, s'identifier à autrui : s'ex-ister ! Jaspers, pour introduire l'anthropologie nietzschéenne, se pose la question : « Qu'est-ce que l'homme ? », dont la réponse « est fonction de la question : que peut-il et que veut-il faire de lui-même et pourquoi[70] » : bonté, équité et téléologie ! Les manifestations de l'être impliquent systématiquement *l'homme tout entier* dans chaque expression de lui-même. La *nephesh-psuchè* est la vie individualisée de l'homme total dans un sens psychologique et physiologique. Le *ruach-pneuma* est la manifestation complète de l'individu dans une forme intellectuelle et spirituelle. La mort est donc une vraie menace, une mort complète dans la Bible, car elle coïncide avec la cessation de la vie sous toutes ses formes (*sommeil conscientiel* en attendant la résurrection de l'être *total*). Une fois le souffle impersonnel ou l'énergie vitale partis (*neshamah*), l'homme n'est plus[71] ! Il reste le souvenir précieux des vivants et désir impatient du Divin de ressusciter, non pas « le corps », mais « *le mort* » *intégral, l'inséparable unité corps-esprit,* « au dernier jour » ! Il suit que l'immortalité est *conditionnée* à la ressemblance divine dans *l'accueil* de la Bonne Nouvelle de la Grâce divine par la foi. D'où la nécessité de la dépendance et de la communion avec la *Ruach Adonaï*, car l'homme est fragilité et liberté. Le Dieu amical biblique invite à une relation nuptiale, alliancielle avec l'homme, en connaissance réciproque et confiance mutuelle.

Que retenir des racines de l'anthropologie spinozienne ? Copie conforme quasi intégrale, mais différenciée : Aristote au plus près comme « *père* anthropologique » ; Descartes comme *mentor* épistémologique, mécaniste, conceptuel. La Bible, source vitale et charnelle, existentialiste et phénoménologique, avec une tendance anthropologique individuelle, moderne et corporative, cosmique. Influencé aussi par Epicure et l'ésotérisme kabbalistique[72], Spinoza se montre audacieux, créatif et transgressif, mais aussi partial et idéaliste ! Nous appelons de nos vœux que cet esprit de *protestat*ion, de *réform*ation et d'affirmation puisse nous pousser plus loin que Spinoza, pour tirer toutes les conséquences du Modèle d'Homme qu'il a osé identifier comme la « Voix-voie de Dieu et du salut » : le Christ. Spinoza était un homme modéré et prudent[73], mais aussi courageux et droit. Il n'était pas fourbe au point de mentir quant à sa foi dans l'identité supérieure et incomparable du Christ. Matheron nous engage à suivre

---

[70] Karl Jaspers, *Nietzsche : Introduction à sa philosophie*, Paris, Gallimard, 1950, p. 129.
[71] Gn 2.7//Ec 12.9 (Gn 3.19//Ec 12.4-6,10 ; Jn 11 ; 6.39-40.
[72] Dans le cercle de Juan de Prado.
[73] Il portait une chevalière utilisée pour marquer son courrier et gravée du mot « *caute* » (en latin « prudemment », « méfie-toi ») placé sous une rose.

le chemin ouvert par Spinoza. Il fait sentir que Spinoza luttait avec le sentiment que le Christ était plus qu'humain. Le neuroscientifique Changeux, dans son débat avec Ricœur, déplore un manque de morale laïque universelle ayant des *symboles* concrets. L'invitation spinozienne, paradoxale et cohérente, serait de sonder plus profondément *l'humanité* du Christ, le summum des philosophes et des hommes. Selon Ricœur, c'est « l'appui, le *secours fondamental* » dont les hommes auraient besoin, entre autres, pour « délivrer le fond de bonté tenue captive[74] ». Le cri de Pilate subsiste donc : « Voici l'Homme[75] ! »

---

[74] Paul Ricœur, Jean-Pierre Changeux, *Ce qui nous fait penser. La nature et la règle*, Paris, Odile Jacob, 2000.
[75] Jn 19.1-5.

servir
revue adventiste de théologie

Numéro 5 (Automne 2019)

Ouverture
Un regard théologique sur la justice   p. 3-7
Daniela Gelbrich

Une théologie du ministère pastoral dans une   p. 9-25
approche biblique et adventiste
Walter Alaña

Le dilemme du pasteur dans une société postmoderne.   p. 27-39
Une réflexion biblique
Rudy Van Moere

Autorité et conscience. L'autorité de l'Eglise   p. 41-55
et la liberté du pasteur
Reinder Bruinsma

Le(s) ministère(s) dans une perspective adventiste   p. 57-73
Gabriel Monet

Le ministère rédempteur du Christ dans le ciel   p. 75-89
Gerhard Hasel

Les racines philosophiques et bibliques du corps   p. 91-108
chez Spinoza
Julius Brown